EDITORA DO CONHECIMENTO

Auxiliando a humanidade a encontrar a verdade.

Ksenia

O calvário de uma mulher

Ksenia

O calvário de uma mulher

Ksenia - Golgofa Zhenshchiny

J.W. Rochester
obra psicografada pela médium russa
Vera Ivanovna Kryzhanovskaia

CONHECIMENTO EDITORIAL LTDA.
Rua Prof. Paulo Chaves, 276 - Vila Teixeira Marques
CEP 13480-970 — Limeira — SP
Fone/Fax: 19 3451-5440
www.edconhecimento.com.br

Tradução: Klara Gourianova
Edição de texto: Margareth Rose Fonseca Carvalho
Colaboraram nesta edição: Antonio Rolando Lopes Júnior
Paulo Gontijo de Almeida
Projeto gráfico: Sérgio Carvalho
Ilustração da capa: Banco de imagens

ISBN 978-85-7618-217-7 — 3ª Edição - 2011
• Impresso no Brasil • Presita en Brazilo

Dados Internacionais de Catalogação na Publicação (CIP)
(Câmara Brasileira do Livro, SP, Brasil)

Rochester, John Wilmot, Conde de (espírito)
Ksenia – O calvário de uma mulher / John Wilmot, Conde de Rochester; [obra psicografada por Vera Ivanovna Kryzhanovskaia; [tradução de Klara Gourianova] – 3ª. edição –, Limeira, SP: Editora do Conhecimento, 2011. (Coleção: Pequenos e Notáveis - O livro de bolso da Conhecimento).

Título original: *Ksenia - Golgofa Zhenshchiny*
ISBN 978-85-7618-217-7

1. Ficção espírita 2. Obras psicografadas 3. Romance espírita I. Kryzhanovskaia, Vera Ivanovna 1861-1924. II Título. III Série

11-06297 CDD – 133.93

Índice para catálogo sistemático:
1. Ficção espírita : Espiritismo 133.93

J. W. Rochester

Ksenia

O calvário de uma mulher

Obra psicografada pela médium russa
Vera Ivanovna Kryzhanovskaia

1ª edição
2011

PEQUENOS E NOTÁVEIS
O livro de bolso da Conhecimento

EDITORA DO CONHECIMENTO

Obras de J. W. Rochester, psicografadas por Vera Ivanovna Kryzhanovskaia editadas pela Editora do Conhecimento:

• O Castelo Encantado – 2001

• Num Outro Mundo – 2001

• Dolores – 2001

• O Terrível Fantasma (Trilogia – Livro 1) – 2001

• No Castelo Escocês (Trilogia – Livro 2) – 2001

• Do Reino das Trevas (Trilogia – Livro 3) – 2002

(a trilogia acima também está disponível em livro de bolso)

• Os Luciferianos (Bilogia: Os Servidores do Mal – Livro 1) – 2002

• Os Templários (Bilogia: Os Servidores do Mal – Livro 2) – 2002

• Ksenia – 2003 (também em livro de bolso)

• A Filha do Feiticeiro – 2003

• O Paraíso sem Adão – 2003 (também em livro de bolso)

• A Teia – 2003

• O Chanceler de Ferro do Antigo Egito – 2004

• No Planeta Vizinho – 2004

• O Faraó Mernephtah – 2005

• A Vingança do Judeu – 2005

• Episódio da Vida de Tibério – 2005 (também em livro de bolso)

• Herculanum – 2007 (também em livro de bolso)

• A Abadia dos Beneditinos – 2008

• Hatasu – A Rainha do Egito – 2009

• In Hoc Signo Vinces – 2010

• Narrativas Ocultas – 2010 (também em livro de bolso)

Obs: A data após o título se refere à nossa primeira edição.

В.И.КРЫЖАНОВСКАЯ
(РОЧЕСТЕРЪ).
КСЕНІЯ
(ГОЛГОФА ЖЕНЩИНЫ)
РОМАНЪ.
КНИГОИЗДАТЕЛЬСТВО
Д.ЦЫМЛОВЪ.
РИГА
1927

Apresentação

Ksenia era uma triste mas bela jovem que, após perder os pais ainda na infância e receber a tutela de um velho parente, encontrou a esperança de uma vida feliz no inesperado pedido de casamento de Ivan. Com sua simplicidade e inocência, ela não percebia que estava prestes a abandonar um lar cheio de paz para iniciar uma nova vida repleta de turbulências, humilhações, privações, traições e muita solidão.

Seu jovem e viril esposo, Ivan Fiodorovitch, era impetuoso e interesseiro; jamais dispensava um envolvimento amoroso com coquetes ou mulheres casadas. Em sua vida de prazer e egoísmo, nunca passara por uma luta moral interna; não estava acostumado a perder e sofrer. Usava as mais variadas estratégias para conquistar o "objeto" de seu desejo.

Mas eis que de repente foi surpreendido por um golpe do destino que abalou todo o seu ser e mudou completamente os seus sentimentos. Olhava agora para si mesmo com pavor e censura: tornara-se um pai depravado; o último dos seres humanos!

Quem teria traçado aquele plano diabólico que se desencadeava em sua vida com proporções tão insuportáveis e consequências tão sinistras? Como enfrentaria aquele terrível drama familiar causado por sua própria invigilância moral? Como iria encarar Ksenia Aleksandrovna?

Sem fazer derramar uma só gota de sangue, ou se reportar aos rituais satânicos, Conde de Rochester revela nesta surpreendente obra até que ponto a maldade humana é capaz de chegar para executar as tramas de uma sórdida vingança.

Ksenia - O calvário de uma mulher certamente vai chocar pela delicadeza do tema abordado, mas é obra cujo conteúdo levará a todos a uma ampla reflexão sobre os valores morais. E é exatamente esta a proposta da Editora do Conhecimento ao ofertar ao leitor mais um título inédito de Rochester em língua portuguesa.

Capítulo 1

Era um dia frio e nublado de setembro de 19... Embora ainda fosse cinco e meia da tarde, o crepúsculo já caía sobre a capital russa. Um chuvisco denso e constante batia no rosto dos pedestres e alagava ruas e calçadas. Do rio Neva,[1] cujas águas cinzentas e espumantes rolavam por entre as pedras do cais, subia uma neblina espessa e úmida.

No primeiro andar de um belo prédio na Marginal Inglesa, três senhoras conversavam na sala de visitas, acompanhadas por uma menina de seis anos. Maria Nikolaevna Antonovskaia era uma delas. Viúva de um alto funcionário da administração ferroviária, tinha mais de setenta anos e era tão bem disposta que aparentava vinte anos menos. Muito animada, bordava, naquela tarde, um tapete para a igreja com a ajuda de sua filha Cleópatra Andreevna, viúva do general Guerouville.

Magra como a mãe, Cleópatra, mulher de cinquenta anos, tinha uma fisionomia de traços acentuados — nariz aquilino, lábios finos e rosto pálido que demonstrava uma expressão de raiva e teimosia.

1 Rio Neva - Com 74 quilômetros de extensão, situado no noroeste da Rússia, nasce no lago Sadoga e deságua no golfo da Finlândia num delta onde se edificou São Petersburgo, capital do Império na época desta narrativa.

A penumbra que reinava na sala acabou obrigando as duas mulheres a largarem o bordado, e a terceira, que lia um romance de Zola[2] à luz da janela, a esquecer o livro. Apenas a menina fazia barulho brincando com uma boneca, ora levando-a num carrinho, ora penteando-lhe os cabelos, os quais arrancava sem piedade.

— A falta de notícias de Ivan começa a me preocupar. Já faz três semanas que ele não me escreve uma só linha. Será que está doente? — disse Cleópatra, interrompendo o silêncio.

— Doente? Ora, tia! Chega de se preocupar por nada! O mais provável é que ele esteja fazendo um monte de bobagens, absorto em alguma intriga amorosa. A senhora sabe muito bem com que facilidade Ivan se apaixona e como é preguiçoso para escrever — respondeu a bela jovem de vinte e cinco anos, vestida com elegância, coquete e muito faceira, aquela que lia junto à janela.

— Ora, Júlia! Surpreende-me muito você ser tão injusta com o seu primo. Ivan não tem culpa de ser tão bonito a ponto de as mulheres grudarem nele como moscas no mel. Ele é inteligente demais para ficar pensando em bobagens, tendo um assunto tão importante para resolver como o seu casamento com Nikiforova, que tem um dote de mais de um milhão — retrucou a avó, demonstrando orgulho e descontentamento ao mesmo tempo.

— Tanto mais porque, graças a Deus, Ivan está farto de intrigas amorosas de toda a sorte! Acho que ele não quer escrever, enquanto o negócio não estiver

2 Émile Zola (1840-1902) - Escritor e jornalista francês, fundador e expoente do naturalismo, pretendeu superar o realismo aplicando a ciência à análise dos fatos humanos e sociais. Teve influência marcante no romance europeu.

resolvido definitivamente. Talvez nos anuncie de vez o seu noivado — acrescentou Cleópatra. — E, se a coisa se arranjar, do que, aliás, eu não duvido, imagino como meu pobre menino ficará feliz, livrando-se, finalmente, da dependência do seu irmão. A tutela de Richard é muito penosa; sua mesquinhez pode levar ao desespero uma pessoa de sentimentos refinados.

— Isso é verdade! Às vezes, sua grosseria é revoltante. Anteontem tivemos uma discussão da qual não posso lembrar sem perder a calma! — exclamou Júlia com as faces ardendo, ao jogar o livro na mesa.

— Quais foram as amabilidades que ele lhe fez para você ficar tão emocionada só de se lembrar delas? — perguntou Maria Nikolaevna.

— Ivanovna e a pequena Lisa estavam em minha casa quando Richard chegou, trazendo o livro que tinha me prometido. Ela vestia um belo traje que havia comprado na viagem que fez ao exterior, e Lisa estava com um chapéu parisiense, o cúmulo da perfeição! Vocês sabem que Anastácia é muito precoce e percebe à distância o que é caro e requintado. Então, podem imaginar que ela adorou o chapéu de Lisa e, logo que Ivanovna foi embora, começou a me suplicar que lhe comprasse um igual. No começo recusei, dizendo que ela já tinha dois chapéus. Então, ela começou a chorar e a bater o pé, exigindo o chapéu, e ainda disse que faria os outros dois em pedaços. Vendo a excitação de Anastácia, tive receio de que aquela irritação pudesse prejudicar sua frágil saúde e acabei prometendo que encomendaria um chapéu igual ao de Lisa.

Richard estava ouvindo nossa conversa em silêncio, mas de repente começou a falar: "Júlia Pavlovna, é muito perigoso fazer tanta vontade a sua filha. Quem sabe o que a espera no futuro? Talvez venha a ter uma vida modesta, de muitas privações, ou talvez seja necessário trabalhar, já que ela não tem nenhuma fortuna. Você deveria prepará-la para tais eventualidades desde a infância." Compreende, vovó, e você, tia, como fiquei indignada com essa falta de delicadeza?

— Você deveria ter dito a ele que Anastácia receberá de herança meus diamantes e que com a sua beleza ela não corre o risco de ter uma vida de privações. Certamente, não lhe faltarão pretendentes.

— Foi exatamente isso que eu disse, vovó. Mas essa bobinha, essa "Cendriolina",[3] que só tem balé na cabeça, me interrompeu, dizendo que queria ser bailarina para receber buquês de flores e aplausos do público. Richard não perdeu a oportunidade de ferir meu amor-próprio. Ele deu uma gargalhada. "É mais provável que ela seja uma bailarina do que uma senhora da alta sociedade. Em todo caso, a carreira de dançarina combina perfeitamente com o gênio e os gostos da menina que você está querendo transformar numa verdadeira coquete."

— Que grosseria! E tudo isso porque a criança quis ter um chapéu, que nem será pago por ele — exclamou com desprezo a viúva do general Guerouville.

Naquele instante, entrou na sala um empregado, trazendo um telegrama numa bandejinha. Cleópatra Andreevna trocou um olhar significativo com a mãe e a sobrinha e abriu depressa o telegrama. Ela mal correu os olhos pela mensagem e se recostou sem forças na poltrona com uma asfixia tão violenta que não pôde soltar nem um grito. Seu rosto se cobriu de manchas vermelhas e ela começou a agitar os braços com tanta força, como se estivesse se defendendo de agressores invisíveis.

— Ó Senhor! Que notícia terrível lhe abalou

3 Cendriolina - Do francês, significa Cinderela.

tanto? O que foi que aconteceu? — gritaram ambas as mulheres quase ao mesmo tempo, correndo para acudir Cleópatra, que parecia estar morrendo.

Finalmente, depois de esforços inúteis, ela conseguiu dizer com voz rouca:

— Ivan!... Ivan!...

— Ivan morreu? — gritou a avó.

— Ivan foi morto num duelo? — acrescentou Júlia, caindo na poltrona.

— Oh! Se fosse apenas a morte!... Ele se casou, ouviram? Casou-se com uma moça insignificante, com uma mendiga... Oh! Eu não posso suportar isso!

E, pulando da poltrona, ela começou a correr pela sala, rasgando a gola do vestido e o lenço de renda. Depois, se jogou no chão e começou a bater a cabeça contra a parede, soltando gritos estridentes, dizendo que ia se matar por causa do desgosto. A mãe e a sobrinha correram atrás dela pelo quarto todo, procurando acalmá-la e impedi-la de tal loucura.

Na sala reinava um vozerio medonho. A pequena Anastácia acompanhava com prantos estridentes os gritos da mãe e da avó, quando na porta da sala apareceu um homem de uns trinta e cinco anos que parou surpreso. Vendo Cleópatra sentada no chão, se agitando como uma louca, e Maria Nikolaevna de cabelo desgrenhado, numa cena ridícula e extremamente cômica, o recém-chegado teve uma vontade irresistível de rir. Porém, conseguiu se conter e perguntou, tentando cobrir com sua voz o alvoroço da sala:

— O que se passa por aqui? A senhora está passando mal, mamãe, ou aconteceu alguma tragédia?

Os olhares se voltaram para a porta e as três mulheres, iradas e em desespero, gritaram:

— Ivan se casou!!!

— Mas foi justamente para isso que ele viajou para Moscou! Eu não entendo de que maneira essa notícia pôde causar tanto desespero.

— Sim, ele viajou a Moscou para se casar com Nikiforova, que tem uma enorme herança e não com uma aventureira miserável que usou sabe Deus qual tipo de bruxaria para conquistá-lo. Ninguém sabe quem é essa tal Ksenia Toropova, que se casou com esse desmiolado! — gritou Cleópatra Andreevna fora de si.

— Como a senhora pode reprovar o casamento desse jeito e ofender sua nora sem ao menos conhecê-la? — perguntou o jovem cavalheiro em tom de censura.

Ele se aproximou da viúva, obrigou-a a se levantar do chão e continuou:

— Se Ivan se casou por amor, como pode condená-lo por isso? Em vez de rezar por Ivan nesse momento tão importante e pedir a Deus que ele e a esposa sejam felizes, a senhora fica os amaldiçoando! Devia sentir vergonha, mamãe! E ainda se considera cristã; frequenta a igreja e nunca perde uma missa aos domingos!

Um rubor escuro cobriu o rosto de Cleópatra Andreevna quando o seu enteado puxou-a e forçou-a a sentar-se na poltrona. Ela pulou do lugar e gritou com voz rouca:

— Poupe-me, Richard, de suas observações ridículas! Você anda com o bolso cheio de dinheiro e pode se permitir casinhos amorosos, mas a sorte foi madrasta para Ivan. Ele precisa conseguir independência financeira. Eu quase morro de desgosto, só de pensar que um homem como ele, cheio de virtudes, belo como

Antínoo,[4] como o próprio Apolo,[5] que tinha direito à mais brilhante aliança, tornou-se vítima de uma mulher desprezível.

Soluços convulsivos impediram-na de continuar falando.

Mas Richard não estava nem um pouco comovido com as lágrimas da madrasta. Um sorriso irônico e desdenhoso vagava em seus lábios ao responder:

— Na sua opinião, homem, se for bonito, deve se colocar à venda em leilão. Não vou contestar! Quero lembrar apenas que Ivan tem vinte e sete anos e já é capaz de responder pelos seus próprios atos. Mas se é para se ter pena de alguém nesse matrimônio, esse alguém é a pobre moça. Ela deve ter ficado tão deslumbrada com a beleza olímpica do meu querido irmão que decidiu se casar com ele. Coitada! Acabou se tornando esposa de um Apolo, o gênio do mal para as mulheres, um Don Juan,[6] um jogador perdulário. Ah! Isso está longe de ser felicidade!

— Richard Fiodorovitch, se alguém de fora ouvir essas palavras lisonjeiras a respeito de nossos paren-

---

4 Antínoo - Jovem escravo que historiadores acreditam ter sido amante do Imperador Adriano (76-138) e que teria morrido aos 21 anos. Adriano ficou tão abalado que o declarou um deus e nomeou uma cidade do Egito com o seu nome: Antinópolis. Antínoo permaneceu vivo na memória da cultura romana e continuou a gerar manifestações artísticas até a atualidade, como atesta o poema Antínoo, de Fernando Pessoa.

5 Apolo - Na mitologia grega, era o deus do Sol, da música, da poesia, da juventude, dos esportes e da caça; era o senhor de todos os oráculos, inclusive o de Delfos, o mais célebre de todos os lugares de profecias. Filho de Zeus, representava o ideal grego da jovem beleza masculina.

6 Don Juan - Personagem lendário originado do folclore espanhol, adquiriu forma literária no romance "El Burlador de Sevilla" (1630), atribuído a Gabriel Téllez, sob o pseudônimo de Tirso de Molina. Posteriormente, tornou-se o herói-vilão de romances, peças teatrais e poemas, geralmente tido como símbolo da libertinagem; sua lenda adquiriu popularidade permanente com a obra de Mozart "Don Giovanni" (1787).

tes, vai pensar que somos uma família de canalhas — interrompeu Júlia Pavlovna com vivacidade ao jovem cavalheiro.

— Tem razão! É bem o estilo de Richard cobrir de ofensas e calúnias o próprio irmão e defender uma aventureira que não conhece — completou Maria Nikolaevna, tremendo de raiva.

Quanto a Cleópatra Andreevna, ela simplesmente emudeceu de fúria.

Richard não deu atenção nenhuma àquelas contestações; pegou o telegrama do chão e, antes de ler a mensagem, lançou para a menina um olhar que foi suficiente para que ela se calasse. Depois, colocou o telegrama sobre a mesa e disse com indiferença:

— Ivan deseja viver inicialmente em sua casa de campo na ilha de Krestovski e pede que a senhora prepare tudo para a recepção da esposa dele. A senhora precisa dar uma chegada até lá amanhã mesmo, porque lhe resta pouquíssimo tempo.

— Você não quer me ensinar todos os detalhes da recepção que eu devo oferecer a essa sujeitinha, não é? — perguntou a viúva, com os olhos soltando faísca.

— Não, prefiro ir ao Kiubá almoçar e não atrapalhar suas lamentações. Meus respeitos, prezadas senhoras! Espero encontrá-las mais calmas amanhã.

E, sem esperar pela reposta, o jovem cavalheiro virou-se e saiu da sala.

✽ ✽ ✽

Os Guerouville eram descendentes de um emigrante francês que fugiu do país no tempo da Revolução e encontrou abrigo na Rússia. O cavalheiro Robert de Guerouville era o caçula da família. Um de seus parentes, que se casara na Rússia, o recebeu naquele país e o apresentou à Corte.

Jovem, muito bonito, inteligente e empreendedor, Robert logo ganhou protetores entre altos funcionários e senhoras que tinham influência na Corte de Catarina II.[7] Por alguns favores prestados à alteza, foi generosamente contemplado com galardão. Enfim, ele se adaptou tão bem que não quis voltar para a França na época da Restauração e no fim de sua vida adotou definitivamente a nacionalidade russa.

Seu filho, Pavel, e o neto, Fiodor, escolheram a carreira militar e, da origem francesa, conservaram apenas o nome e a religião católica que o general Fiodor Guerouville, pai de Richard e Ivan, continuava a praticar.

Ainda capitão, quando servia em Volin,[8] Fiodor se casou com a filha única e herdeira do conde X, rico senhor de terras naquela cidade. O casamento não foi feliz. Após cinco anos de vida conjugal, a senhora Guerouville faleceu, deixando para o marido um filho de três anos, chamado Richard.

Receando pelo futuro do filho e conhecendo bem o caráter esbanjador do marido, a jovem mulher tomou todas as providências legais para assegurar seus bens e nomeou o pai dela como um dos tutores do menor. Tal falta de confiança provocou em Guerouville uma enorme raiva e o afastou do filho que não tinha culpa de nada. Por essa razão, ele não se opôs ao fato de o menino ser criado na casa do avô materno.

Até a morte do conde X, Richard vivia com ele em

---

7 Catarina II, "a Grande" (1729-1796) - Nascida princesa Sophia August Frederik, tornou-se czarina da Rússia a partir de 1762, depois de ter deposto o marido, Pedro III.

8 Volin - Cidade russa situada na região de Perm, no noroeste da Rússia européia.

sua propriedade de Volin. Nesse meio tempo, seu pai foi transferido para a Guarda com a patente de coronel e se casou pela segunda vez com Cleópatra Andreevna, com a qual teve mais um filho, Ivan, que, desde o primeiro minuto de vida, tornou-se o ídolo de toda a família.

Richard tinha treze anos e Ivan cinco, quando o primeiro retornou ao lar paterno, onde foi recebido com muita frieza. Aparentemente Cleópatra Andreevna cumpria seu dever de mãe em relação a Richard, mas, no fundo, invejava o enteado pela fortuna que ele possuia. Além disso, sua ortodoxia religiosa, extremamente limitada, provocava ódio ao menino católico e "polaco", como ela o chamava com desprezo nas conversas com os mais íntimos.

Richard crescia e era menino sério, taciturno, pouco sociável. Nunca revelava como lhe era doloroso ver a diferença com que tratavam seu irmão, criança mimada que tiranizava a casa toda e cujos defeitos a família inteira admirava como preciosas qualidades.

Ao terminar brilhantemente o curso colegial, Richard entrou para o serviço do Ministério do Exterior e logo obteve um título honorífico junto à Corte. Enquanto Ivan, preguiçoso, desvirtuado pela excessiva lisonja dos familiares, sempre precisou de todo tipo de apoio, como aulas particulares, para poder terminar o ensino secundário. Apesar disso, e graças às relações do pai, conseguiu um emprego com bom salário no Departamento de Bens do Estado.

Justamente no ano dessa sua nomeação, o general Guerouville faleceu, deixando a família numa situação difícil, porque esbanjou quase todos os seus bens. Cleópatra teria de levar uma vida muito modesta e frear a vaidade, não fosse a generosa ajuda do enteado.

Assim, ele deixou à disposição da madrasta o

excelente apartamento do prédio que lhe pertencia na Marginal Inglesa, onde havia morado o seu pai. Com ela, moravam Ivan e a mãe de Cleópatra Andreevna, a senhora Antonovskaia.

Como Richard ocupava o andar térreo do mesmo prédio, num sofisticado apartamento de solteiro, manifestou o desejo de almoçar na casa da madrasta. O dinheiro que ele lhe dava era suficiente para manter toda a família, que crescera com a chegada de Júlia Pavlovna e a filha, há um ano e meio.

A mãe de Júlia, falecida havia muito tempo, era irmã mais nova de Cleópatra Andreevna. Apesar de sua beleza e coquetice, Júlia Pavlovna não conseguiu um bom partido e se casou com um corretor da Bolsa, cujo sobrenome era Golzman.

Golzman acabara se envolvendo em especulações duvidosas, estivera ligado à falência de um banco e achou melhor fugir da vigilância da Justiça, nada benévola.

Um belo dia, ele sumiu, deixando a mulher e a filha e, desde então, não deu mais sinal de vida.

Júlia Pavlovna, que ficou praticamente na rua da amargura, foi buscar abrigo na casa da tia. As queixas de Cleópatra a respeito do fardo que, inesperadamente, caíra sobre si, obrigando-a a sustentar toda a família, cansaram Richard de tal maneira que ele concordou em assumir todas as despesas da manutenção da prima e da filha dela.

Apesar dessa atitude magnânima, a família inteira odiava Richard. Sua avareza era insuportável para as damas. O jovem cavalheiro sabia disso, mas não ligava para a opinião delas. No fundo, ele desprezava aquelas três mulheres mesquinhas, ingratas, frívolas e más. Também não tinha respeito pelo irmão Ivan; desaprovava a sua vida dispersiva e o seu egoísmo inescrupuloso. No entanto, Richard era um bom irmão para Ivan; ajudava-o em situações difíceis e pagava ocultamente as suas dívidas. Portanto, o relacionamento entre os jovens era, aparentemente, dos melhores.

Mas ultimamente, a maledicência das três mulheres em relação a Richard aumentara por causa de uma herança que o jovem havia recebido da parte de um dos parentes de sua mãe. Na opinião de Cleópatra Andreevna, isso o tornaria ainda mais "polaco".

Tal era a situação naquele tempo, quando começamos a narração desta história.

❁ ❁ ❁

Ao voltar do restaurante, onde havia almoçado, Richard encontrou em casa uma carta do irmão, explicando em que pé estava o assunto, sem entrar em detalhes.

Ivan escrevia que a tal Nikiforova decepcionara-o definitivamente. Ela era feia, vulgar e tola. Começara a cortejar aquela idiota apenas por insistência da mãe e não sabia como se livrar do compromisso com a família. Mas a própria Nikiforova o havia tirado daquele embaraço: ela ficara deslumbrada com a coroa e a exuberância de um príncipe caucasiano[9] e presenteara-o com seus milhões e com sua falta de graça.

Ivan, por sua vez, acabou conhecendo uma moça muito simpática, que conquistou o seu coração de tal modo que ele decidiu se casar com ela. Tudo aconteceu tão rapidamente que a cerimônia religiosa do seu

9 Caucasiano - Pertencente a região da Caucásia, entre os mares Negro e Cáspio, englobando a Ciscaucásia, a Geórgia, a Transcaucásia, o Azerbaijão e parte da Armênia.

casamento se realizou no mesmo dia do casamento da ex-noiva. Sobre Ksenia, Ivan escreveu muito pouco. Mencionou apenas que ela tinha dezoito anos, era órfã, não possuía bens e fora criada por um parente.

Ele sabia que fúria terrível provocaria na mãe aquele seu casamento imprevisto, e que antipatia seus familiares sentiriam por sua mulher. Mas tudo isso não o preocupava. Pelo contrário, a desesperança da mãe e da avó divertiam-no e suscitavam nele um sentimento íntimo de satisfação. Ivan não era capaz de se sacrificar pelo bem da família. Sendo egoísta, visava sempre a seus desejos pessoais e a satisfação de suas próprias fantasias.

Ao ler a carta do irmão, Richard, pensativo, apoiou os cotovelos na escrivaninha. Sentia uma sincera compaixão pela nova cunhada. Era muito provável que Ivan tivesse se casado com ela mais por desgosto do que por amor. Só o fato de ter-se casado no mesmo dia que Nikiforova, revelava a raiva que sentia pela ex-noiva rica que o traíra. Se ele pretendia ferir ou ofender a moça impertinente que ousou preferir um príncipe, era difícil dizer, pois Richard desconhecia os pormenores da história que se desencadeara em Moscou. Em todo caso, o papel de Ksenia não era nada invejável. Provavelmente, ela se sentia amada e não desconfiava do ódio e do desprezo que a aguardava na casa do marido.

Não havia a menor dúvida de que Cleópatra Andreevna não teria nenhum escrúpulo em lhe preparar uma recepção especialmente ultrajante. Da parte de Ivan, seria muito estranho e nada delicado alojar a mulher fora da cidade num outono tão avançado, quando todas as casas de campo ao redor de Petersburgo[10] ficavam desabitadas.

---

10 São Petersburgo - Umas das principais cidades da Rússia, construída em 1703 por Pedro I, "o Grande", passou a ser a capital do

— Será muito interessante ver em que vai dar toda essa história — balbuciou Richard, guardando a carta na escrivaninha. — Os recém-casados chegam amanhã. Depois do expediente vou dar uma passada lá e, se realmente a jovem mulher caiu nas garras do meu irresistível irmão, vou ter de defendê-la das maldades de Cleópatra Andreevna e da rudeza de Ivan.

Império russo em 1712. Em 1914 passou a chamar-se Petrogrado e em 1924, Leningrado. Mas em 1991, voltou ao nome original, ou seja, São Petersburgo.

Capítulo 2

Numa das ruas menos frequentadas da ilha de Krestovski havia uma pequena casa de campo, cercada por um grande jardim. A casa era de madeira, de um pavimento só, e não se diferenciava em nada das demais casas da vizinhança, destinadas ao veraneio dos moradores da capital que preferiam respirar ar puro sem se afastar muito da cidade.

Esta pequena casa de campo pertencia a Ivan Fiodorovitch. Richard a presenteara ao irmão com a finalidade de proporcionar ao jovem um abrigo útil e agradável, onde ele pudesse estar a salvo do excessivo carinho de sua família que, às vezes, o sufocava terrivelmente. Ali, ele podia oferecer banquetes barulhentos, sem correr o risco de ser admoestado por curiosos; podia receber suas amantes e viver de acordo com os seus gostos, longe de olhares indiscretos.

Cleópatra Andreevna, embora dissimulando o seu descontentamento, mobiliou a casa com elegância e gosto suficientes para que seu ídolo pudesse receber suas amantes sem passar vergonha.

Mas, após a notícia do casamento de Ivan, que causou aquele desespero em toda a família, a casinha na ilha de Krestovski apresentava um aspecto especialmente triste; parecia abandonada. As portas de entrada estavam escancaradas; nos degraus da escada havia palha esparramada, feno e papel rasgado; as janelas não tinham cortinas e dentro dela tudo parecia vazio e descoberto.

Eram oito horas da manhã. O tempo estava frio e úmido, embora não chovesse. No portão da casa havia dois homens. Um deles, de pulover vermelho, com uma vassoura na mão, era Jakov, o zelador, o outro se chamava Jossef, criado de Ivan. Ele não fora levado pelo patrão para Moscou e acabara de receber um telegrama de Ivan avisando de sua chegada, com a ordem de esperá-lo na casa de campo.

— Essa é boa! Que recepção para a recém-casada! Imagino a raiva de Ivan Fiodorovitch quando encontrar a casa vazia. Já pensou na cena que ele vai fazer com a mãe! — disse o guarda, rindo alto. — Que ele vai ficar louco, é certeza! Mas não ousará dizer muita coisa. A mobília toda pertencia a Cleópatra Andreevna. Ela deu, ela tira! Tem todo direito. Cleópatra Andreevna está terrivelmente irritada. Ele que se cuide e não chegue perto dela!

— Mas por que ela está tão enfurecida? Será que a nora não presta?

— Sei lá como ela é! Tudo aconteceu tão rápido que ninguém ficou sabendo nada até chegar o telegrama com a notícia de que Ivan Fiodorovitch tinha-se casado. Meu Deus, o que aconteceu depois não dá nem para lhe contar, Jakov! No começo, pensou-se que Cleópatra Andreevna ia perder o juízo. Gritos, ataques de histeria, espasmos durante a noite toda. Ninguém em casa conseguia fechar os olhos. Finalmente, ela se acalmou e conseguiu dormir até as cinco. Mas logo que se levantou, começou um frenesi fora do comum. Recebi ordens para vir para Krestovski com Dúnia. A noite toda ficamos empacotando as coisas, de modo que quando as carroças chegassem pela manhã era só colocar tudo dentro delas.

— Mas como é que ela se esqueceu de levar a cama, o criado-mudo, a poltrona e o relógio?

— Ah, ah, ah! Esqueceu? Ela? Não! Ela os deixou porque pertencem a Ivan Fiodorovitch. Não viu ainda como decorou as paredes, enquanto você ajudava os cocheiros a carregar as coisas. Ela pendurou nas paredes todas as fotografias que achou nas gavetas da escrivaninha e todos os bilhetes e cartas amorosas que Ivan Fiodorovitch recebeu de várias amantes. Suponho que elas também ficarão felizes com a exposição de suas cartas. Mas, olha! Uma carruagem está chegando! Será que são eles?

Realmente, uma carruagem de aluguel tinha parado na frente da casa. O guarda apressou-se em abrir a porta. Mas em lugar dos senhores, saiu da carruagem uma moça vestida de casaquinho de lã grossa, com lenço rendado na cabeça. A carruagem estava cheia de sacolas e caixas de papelão; uma cesta grande, revestida de oleado, ocupava todo o assento da frente. Na boléia, junto ao cocheiro, estava uma grande arca.

— Esta é a casa do senhor Guerouville? — perguntou a moça recém-chegada.

— Sim, sim — respondeu Jossef, ajudando gentilmente a jovem a tirar as caixas da carruagem. — Você deve ser a camareira da jovem senhora, não?

— Sim, você acertou; sou a camareira Dária. E você, provavelmente, é Jossef, o criado do senhor Guerouville? Tenha a bondade, mande levar a bagagem para o vestiário. A senhora estará aqui às onze horas e devo deixar tudo em ordem antes dela chegar.

Enquanto Dária pagava o cocheiro, Jakov e Jossef levaram as coisas para o quarto da frente e já colocavam a última caixa de papelão perto da parede quando a camareira entrou e, espantada, parou na soleira.

— Meu Deus! Aqui está tudo vazio! Não tem nenhuma cadeira! Vou sujar todas as minhas saias nessa estrebaria!

E Dária, com ar de nojo, levantou habilmente as saias com a intenção de mostrar as meias listradas e as botinas de couro com salto alto.

— Ó Deus! Que pezinhos de princesa você tem! É claro! Eles não foram criados para pisar nesta sujeira! — exclamou Jossef, grande apreciador do belo sexo. — Permita-me levá-la para o meu quarto. Lá você poderá tirar o casaco e tomar uma xícara de café.

— Com prazer! — respondeu Dária que, sorrindo amavelmente, atravessou a sala nas pontas dos pés.

Vendo que o segundo cômodo era tão vazio e sujo quanto o primeiro e que, no terceiro, onde a porta estava aberta, também não havia nada, além da cama sem travesseiros e sem cobertor, um criado-mudo e uma poltrona de couro virada de pernas para o ar, ela parou novamente e exclamou, agitando os braços:

— Não, isto é insólito! Onde é que a minha senhora vai dormir? Onde eles vão se sentar? Aqui não tem nenhuma cadeira, nenhuma mesa... Onde eu vou arrumar e colocar as coisas? Não entendo, como o senhor Guerouville pôde ter essa idéia de trazer para cá sua jovem esposa! E dizia que aqui a esperava uma casa muito confortável!

— E era mesmo, ainda ontem. Mas hoje de manhã, a mãezinha de Ivan Fiodorovitch levou tudo daqui. É uma longa história! Se quiser, posso contá-la para você. Mas, vamos, do meu quarto nada foi levado!

Jossef conduziu a camareira por um longo corredor; no fim dele, abriu a porta que dava para um quarto bastante espaçoso. Seu aspecto contrastava agradavelmente com a casa devastada. Das janelas pendiam cortinas cor de palha com rosas, o mesmo tecido cobria uma poltrona e um pequeno sofá, encostado na parede. No lado oposto, havia uma cama muita limpa, com colcha de fustão, e uma cômoda grande, que servia também de toucador, porque estava coberta com uma toalha bordada e, sobre ela, um espelho, um frasco de água de colônia e uma caixinha de pó-de-arroz, além de pentes e escovas. A elegância daquelas coisas indicava que antes elas serviram ao dono da casa. Um pequeno armário, mesa, três cadeiras de vime e algumas oleografias completavam a mobília do quarto.

— Aqui é muito aconchegante! Em comparação com aquele barraco vazio, é um verdadeiro palácio! — declarou Dária.

Ela tirou o casaquinho, pegou numa caixa um avental com babados plissados e uma pequena touca branca e começou a se arrumar na frente do espelho. Pode-se dizer que ela estava se preparando para receber sua senhora, mas, na realidade, ela queria impressionar Jossef, de quem tinha gostado muito e cuja amabilidade apreciava cada vez mais.

— Pode se perfumar à vontade, Dária Antonovna. Enquanto isso, vou preparando as coisas — disse Jossef.

Dizendo isso, ele puxou de debaixo da cama uma cesta grande, dentro da qual estavam um samovar,[1] uma cafeteira cromada, uma cestinha para pão, um

---

1 Samovar - Espécie de caldeira portátil, provida de um tubo central, onde se colocam brasas a fim de ferver e manter quente a água para uso doméstico, especialmente para fazer chá e café.

açucareiro, xícaras e outras coisas, que não dava para ver direito.

— Tudo isto eu salvei da megera — contou, colocando a cafeteira e as duas xícaras na mesa. — Agora vamos tomar café! Só vou buscar os biscoitos.

— Deixe que eu preparo o café. Eu sei fazê-lo muito bem.

— Ótimo! Aqui está o álcool e os fósforos, o café está naquela lata — indicou Jossef, pegando o seu chapéu.

Quando ele voltou, o café já estava fervendo no bonito aparelhinho e o agradável aroma enchia o quarto todo.

— Permita-me, Dária Antonovna, dar-lhe as boas-vindas e oferecer-lhe estas flores! Que sejam presságio de uma vida alegre nesta casa! — disse Jossef, fazendo reverência e entregando-lhe um buquê de dálias e rainhas-margaridas, provavelmente colhidas no jardim da casa.

Um pouco acanhada, Dária também fez uma reverência, agradeceu a Jossef e, para manter sua dignidade, começou a colocar café nas xícaras. Um minuto depois, eles estavam conversando tranquilamente, tomando um maravilhoso moca.[2] Além de torradas, havia na mesa excelentes biscoitos de baunilha, também salvos da devastação.

Jossef descreveu com pormenores o escândalo provocado pelo casamento de seu senhor. Depois, perguntou como era a jovem esposa, que bens ela tinha e quais eram as circunstâncias do casamento.

— Eu não sei todos os pormenores porque entrei neste serviço apenas uma semana antes do casamento deles. Foi por recomendação de minha tia que trabalha-

2 Moca - Variedade de café superior, originário da Arábia.

va de cozinheira na casa de um velho, que é parente da senhora que a criou. Mas posso dizer que ela é muito bonita e, ao que me parece, muito bondosa. Pelo que me consta, ela não tem nada de bens e é órfã de pai e mãe.

— Meu Deus, eles já chegaram! — exclamou Dária, que pulou da cadeira e correu pelo corredor.

Jossef a seguiu.

Aproximando-se da sala de visitas, eles ouviram a voz rude de Jakov e uma outra, alta e irritada, chamando pelo criado.

Na soleira da sala vazia estava um jovem cavalheiro, de uns vinte e sete anos, alto, muito moreno e de feições regulares. Ivan Guerouville era realmente muito bonito, mas naquele instante, a ira e o espanto o desfiguravam. O rosto dele estava vermelho, os olhos, grandes e negros, estavam esbugalhados, a mão enluvada agitava uma bengala com castão dourado e seus gestos demonstravam que ele estava louco para cair em cima de alguém.

Atrás dele, vinha, branca como cera, uma mulher jovem de estatura mediana, vestida com roupa de viagem: um conjunto verde de lã. Um grande chapéu Rembrandt[3] adornava a cabeça dela, deixando cachos castanho claros caírem na testa. Seus grandes olhos acinzentados vagavam com pavor pela sala suja e vazia.

— O que significa isso? Onde estão os móveis? Minha casa foi saqueada e você nem se preocupou em me avisar! — gritou Ivan Fiodorovitch, logo que Jossef apareceu, acompanhado de Dária.

O criado percebeu, à primeira vista, que toda a fúria do seu amo cairia sobre ele, caso não se desviasse rapidamente.

---

3 Chapéu Rembrandt - Largo chapéu holandês de feltro decorado com penas ou flores, típico do século XVII.

— Ninguém saqueou nada, senhor! Foi a senhora Cleópatra Andreevna quem empacotou tudo ontem e hoje de manhã levou os móveis e todas as outras coisas. Ela me disse que agia de acordo com as suas ordens; e mandou que eu esperasse o senhor aqui. Achei que teria de acompanhá-lo até o hotel — explicou Jossef.

Ivan Fiodorovitch não o interrompeu. Quando ouviu o nome da mãe, uma terrível palidez clareou o seu rosto normalmente corado. Cabisbaixo e mordendo os lábios, ele parecia não mais ouvir Jossef.

Subitamente, virou-se para a esposa e disse:

— Houve um mal-entendido tolo por aqui, mas eu vou resolver tudo. Aguarde-me, querida, voltarei dentro de uma hora.

E, sem outras explicações, saiu da casa correndo e pulou na carruagem. Um minuto depois, ouviu-se o barulho da carruagem indo embora.

Por alguns instantes, Ksenia Aleksandrovna ficou imóvel como pedra, sem saber o que fazer. Depois, indecisa, aproximou-se da janela e sentou-se no peitoril. Sua cabeça girava. Inconscientemente ela colocou do lado a bolsa de veludo e passou levemente a mão trêmula pelos olhos.

Jossef e Dária observavam-na confusos e aflitos, sem ousar se aproximar dela. Depois, saíram devagar da sala, deixando a porta aberta para poder ouvir se fossem chamados. Quanto a Jakov, tinha ido embora já fazia tempo.

Mais de uma hora e meia se passara e nada de Ivan Fiodorovitch voltar. Na casa reinava um silêncio mortal. Os criados, inquietos, conversavam baixinho.

— Como é possível agir dessa maneira! Agora vejo que Ivan Fiodorovitch não ama a mulher — balbuciou, finalmente, Dária. — Quando se ama e se sente carinho por alguém, não se deixa a pessoa amada numa estrebaria como esta, que nem cadeira tem para se sentar.

— Realmente, ele poderia ter levado a esposa para um hotel. Definitivamente, não entendo o que aconteceu com ele. Nunca, com nenhuma de suas amantes, foi tão descortês — respondeu Jossef, também em voz baixa.

— Hoje faz tanto frio que a pobre senhora deve estar simplesmente gelada. Você poderia acender a lareira enquanto cuido dela — sugeriu Dária, quebrando o silêncio.

— É verdade! Vou acender o fogareiro no quarto pequeno e passar a poltrona do dormitório para lá. Ela estará mais confortável do que sentada no peitoril.

E, tomado de zelo repentino, Jossef correu para buscar lenha.

Quando as chamas já ardiam e diante do fogareiro estava colocada a poltrona, Dária voltou à sala, onde Ksenia Aleksandrovna permanecia no peitoril da janela, na mesma pose de antes.

— Permita-me tirar seu chapéu e suas luvas, senhora! — disse a camareira timidamente.

A jovem mulher estremeceu, ergueu-se como se fosse acordada de um sono profundo, mas não respondeu nem protestou quando Dária começou a tirar os longos alfinetes que seguravam o seu chapéu e as luvas de suas mãos geladas. Ela levantou-se automaticamente e dirigiu-se para o quarto contíguo, onde a lenha crepitava alegremente.

Seu olhar indiferente vagava pela sala vazia e de repente deteve-se nas cartas e fotografias penduradas na parede. Ksenia parou e, após hesitar momentaneamente, chegou perto delas e começou a examinar aquela coleção original. Um denso rubor cobriu-lhe as faces, mas em seguida sua tez ficou lívida. A jovem mulher virou-se rapidamente, foi para o quarto contíguo e sentou-se na poltrona.

Dária agasalhou-a com um xale, cobriu suas pernas com uma manta e sugeriu-lhe que tomasse uma xícara de café ou de chá quente. Mas Ksenia Aleksandrovna recusou, dizendo que não estava com fome.

Tamanha tempestade levantava-se dentro dela e somente o orgulho e a presença dos criados davam-lhe forças para conter as lágrimas quentes que chegavam à sua garganta. A ira e a indignação apertavam-lhe o coração.

Ksenia Aleksandrovna recostou a cabeça e fechou os olhos. Pouco a pouco, sua excitação cedeu lugar a uma amargura indizível, um desespero profundo e uma convicção de que tinha cometido um erro irreparável, condenando a si mesma, de livre vontade, a um futuro terrível que se apresentava para ela como um pesadelo. Tentava dominar esses sentimentos, mas a angústia e o medo da solidão apertavam o seu coração. Como num caleidoscópio,[4] passava diante dela toda a sua vida, já testada pela infelicidade.

Ksenia tinha apenas sete anos quando perdeu os pais, que morreram de difteria. Uma parenta idosa e de poucos recursos, acolheu a criança órfã. Ksenia não era feliz vivendo na casa dela, onde passara os piores anos de sua vida. Depois da morte dessa parenta, a menina ficou sem teto novamente. Seu tutor queria colocá-la num orfanato, quando apareceu um velho, primo de seu pai, que adotou a menina. A

4 Caleidoscópio ou calidoscópio - Aparelho ótico formado por um tubo de cartão ou de metal, com pequenos fragmentos de vidro colorido que se refletem em pequenos espelhos inclinados, apresentando, a cada movimento, combinações variadas e agradáveis. Utilizando-se metaforicamente, o termo significa uma sucessão vertiginosa de ações e sensações.

partir daquele dia, Ksenia começou uma vida nova e tranquila, na casa isolada, porém confortável, de seu novo protetor.

Leon Leonovitch Rudakov beirava os sessenta anos. Era uma pessoa soturna e pouco sociável, cujo passado estava cercado de mistério. Servira o exército na juventude, reformara-se subitamente por razão desconhecida, vendera sua linda propriedade nas redondezas de Moscou e empreendera uma viagem que durara cerca de vinte anos.

Voltando tão subitamente quanto partira, Rudakov fora morar na antiga capital do Império, levando uma vida de eremita, sem sair para lugar nenhum e sem receber quase ninguém em casa. Ninguém sabia onde havia passado aqueles longos anos de ausência, nem o que fizera. Tampouco se sabia de seus bens. Levava uma vida simples, mas confortável, ocupava-se com astronomia e química, comprava montes de livros e aparelhos. Era tudo o que sabiam dele.

Leon Leonovitch conheceu o pai de Ksenia ainda jovem e soube do destino dela por acaso. Não demorou a declarar que assumiria os cuidados com o seu futuro. Se ele se apegou à criança durante o longo tempo que ela viveu em sua casa, ninguém sabia, nem a própria Ksenia. Ele foi bom para ela, mas nunca expressou nenhuma ternura. Em compensação, acompanhava atentamente sua educação, sem permitir, porém, que ela frequentasse qualquer escola pública. Tivera professores particulares e uma governanta alemã, já de idade, que cuidou dela até o dia de seu casamento.

Ksenia crescia em um ambiente rigoroso, triste e isolado, sem conhecer a sociedade e suas loucuras. Tornou-se uma moça inteligente, séria e de caráter enérgico.

Conheceu Ivan Fiodorovitch por acaso, na casa de um velho amigo de seu pai adotivo que eles visitavam de vez em quando. Esse amigo era parente próximo de Nikiforova, a famigerada noiva do jovem Guerouville.

Anna Mikhailovna Nikiforova era uma digna representante da sociedade moderna. Bonita, mas vulgar, e sem quaisquer princípios, coquete inescrupulosa, ela via o matrimônio como uma simples formalidade necessária para adquirir liberdade total.

Em relação a Ksenia Aleksandrovna, ela sentia profundo desprezo. Os rígidos princípios e a honestidade irrepreensível da jovem eram, para ela, ultrapassados. Nikiforova profetizava que Ksenia teria uma vida infeliz com suas convicções ridículas e, certamente, ficaria para titia.

Anna Mikhailovna gostava muito de Ivan Fiodorovitch, mas, por causa de sua situação econômica e de sua posição social, não o considerava digno dos milhões dos quais ele partilharia na vida matrimonial. No entanto, permitia ser cortejada, coqueteava e sentia-se envolvida, o que, aliás, não a impediu de aceitar a proposta de casamento do príncipe caucasiano.

Tendo o título de princesa, poderia desempenhar um papel mais importante na sociedade do que na qualidade de uma simples senhora Guerouville. Mas nada a impediria de ser feliz com o encantador Ivan Fiodorovitch sem ter laços constrangedores impostos pela Igreja. Que ela o teria como amante, e que esse amante brilharia na sociedade, era para ela uma decisão irrevogável.

Anna Mikhailovna não previu apenas uma coisa: que Ivan Fiodorovitch levaria tão a peito seu fracasso, e que não demoraria em se vingar dela, dando a entender que se ela não o quis como marido, ele também não a quereria como amante.

Antes mesmo do anúncio do casamento dela com o príncipe, Ivan Fiodorovitch virou-lhe as costas e concentrou toda a sua atenção em Ksenia.

O belo e amável Guerouville causara uma profunda impressão na jovem, mas ela era pura e modesta demais para tentar atrair sua atenção e muito menos conquistá-lo. Além do mais, estava convencida de que ele gostava de Anna.

Raramente visitava os Nikiforov e nem suspeitava das intrigas que se desencadeavam ao seu redor. Seu coração ingênuo, então, encheu-se de felicidade quando Ivan Fiodorovitch falou-lhe de seu amor. Certamente ele a amava. Podia ela duvidar disso, se ele a pedira em casamento? Pois não se escolhe uma pessoa como companheira de vida, sentindo indiferença por ela! Além do mais, ela era pobre, portanto, não podia haver nenhum interesse por parte dele.

Por isso, com confiança e amor, com o coração cheio de esperança de ser feliz, Ksenia aceitou o pedido de Ivan Fiodorovitch e, por sua insistência, concordou em se casar em três semanas. O noivo explicou-lhe que apenas a vontade de seus parentes o induziu a cortejar Anna Mikhailovna, mas logo que a vira decidiu que ela, e nenhuma outra, seria sua esposa.

O jovem cavalheiro acrescentou que para evitar discussões inúteis com sua avó e com o irmão mais velho, que eram um tanto avarentos, escreveria a eles somente depois do casamento. Quanto à sua mãe, a melhor das mulheres, que o amava muito, esta a receberia de braços abertos.

Ksenia acreditou nas palavras de Ivan e prometeu fazer tudo para conquistar o coração de sua mãe.

Leon Leonovitch não estava muito contente com a escolha de sua filha adotiva e fez algumas observações sérias a respeito da falta de cuidado ao casar-se com um homem que ela mal conhecia, cujo passado lhe era desconhecido. Mas a jovem amava; e o amor, como se sabe, é cego. Por isso, ela suplicava ao seu protetor que não impedisse sua felicidade.

— Não tenho o direito e nem vontade de impedir o casamento que você tanto deseja — com a costumeira discrição, respondeu-lhe Leon Leonovitch. — Mas considero meu dever preveni-la que não posso dar dinheiro como dote, apenas um enxoval decente. Aliás, eu mesmo direi isso ao seu futuro marido, pois ele não deve saber.

— Não, eu mesma já lhe disse que sou órfã e não tenho nada. No que ele me respondeu que tem como sustentar a esposa e não exigiria nada de mim — respondeu Ksenia, corando.

— Tanto melhor! Esse desinteresse lhe faz a honra e é um bom presságio de felicidade.

O enxoval da jovem foi farto e de bom gosto. Na manhã do dia de casamento, Leon Leonovitch entregou à filha adotiva quinhentos rublos para pequenas despesas.

— Isto é para que desde o primeiro dia você não precise pedir dinheiro ao seu marido por miudezas — acrescentou seu protetor.

Os motivos que levaram Ivan Fiodorovitch a contrair aquele matrimônio foram bastante variados. Em primeiro lugar, agradava-lhe muito a aparência de Ksenia. Além disso, intrigavam-no seu caráter, suas maneiras contidas, sua pureza e suas virtudes irrepreensíveis. Esse tipo de mulher era uma novidade para ele, pois de todas as damas e moças que gozavam de suas boas graças, não havia uma sequer com quem pudesse conversar sobre algo que não fosse amor ou escândalos picantes. Em matéria de laços amorosos, todas elas tinham experiência extraordinária. Conquistá-las era muito mais fácil do que se defender dos seus ataques.

Essas conquistas fáceis davam prazer ao jovem vaidoso, mas ele só se casaria com uma delas se contasse com uma sólida herança. Tendo um gênio frio e, ao mesmo tempo, veemente, egoísta até a medula dos ossos, Ivan Fiodorovitch queria gozar dos prazeres sem ter de se preocupar com a sua eleita, porque amor de verdade ele não sentia por ninguém. Não se importava se a mulher era livre ou casada; o que não queria era ser vítima de uma vingança, e a idéia de que alguém que tivesse seu sobrenome pudesse traí-lo como ele mesmo fazia com os outros, o deixava louco. Em parte, era esse o motivo de ainda estar solteiro aos vinte e sete anos.

A enorme fortuna de Nikiforova o deslumbrou e a cobiça fez calar todas as outras considerações. Porém, decidiu mostrar-lhe seu poder e ensiná-la a cumprir suas obrigações depois do casamento, caso tentasse enganá-lo. No entanto, foi surpreendido com a traição de Anna Mikhailovna que o deixou furioso, sendo ele mais atingido em sua vaidade do que em sua cobiça. Cheio de raiva e ódio, Ivan Fiodorovitch começou a cortejar Ksenia, contente com a fúria mal contida de Anna, que compreendeu perfeitamente os seus planos.

Convencido de que a linda e pura moça o amava, Ivan Fiodorovitch decidiu se casar com ela, e não apenas seduzi-la como pretendera antes. Além disso, o jovem logo entendeu que a primeira intenção não teria nenhuma chance de sucesso. Ksenia não admitia nem mesmo a idéia de uma frívola ligação amorosa; sua honestidade absoluta impressionou muito Ivan e tudo isso acabou despertando nele o desejo de chamá-la de sua esposa. Era justamente de uma esposa assim que ele precisava. Tímida e terna, acostumada a uma vida calma e isolada, ela iria se contentar apenas em cuidar da economia da casa e da educação das crianças e não iria impedir que ele continuasse a viver do mesmo jeito, porque não se satisfaria com o tédio do lar matrimonial, embora o considerasse uma fortaleza cômoda, onde poderia se esconder de suas amiguinhas insaciáveis em sua paixão por ele.

Tal foi o programa de sua vida futura, com o qual ele se dirigiu ao altar. A ira e o ciúme de Anna Mikhailovna e também o ingênuo amor de Ksenia divertiam-no e sua vaidade. Quanto aos familiares, a decepção, o desgosto e o espanto deles provocavam no jovem uma fátua ironia. Mas de maneira alguma ele podia imaginar que sua mãe, num ataque de raiva, chegaria àquele extremo.

❀ ❀ ❀

Ksenia Aleksandrovna continuava pensativa na poltrona. Todas as cenas de sua vida, que foram descritas, passavam em sua mente, mas dessa vez sob um outro prisma. Durante as longas horas de solidão silenciosa naquele quarto vazio e sombrio, morreu dentro dela a criança ingênua, crédula e cega que, na véspera, fora para o altar, feliz e esperançosa, e que aceitara com devoção a aliança como símbolo de amor e lealdade.

Dos destroços do seu ego, nasceu uma mulher de coração sofrido e de visão clara. Sem piedade, ela pôs de lado todas as virtudes e boas qualidades, com as quais iria presentear o marido, e todas as ilusões que alimentava sobre seu futuro. A aliança que brilhava em seu dedo foi para ela apenas o primeiro elo de uma longa cadeia de mágoas, traições e desgostos de toda sorte, se... ela não achasse qualquer meio de quebrar aquela cadeia.

Ksenia Aleksandrovna estava tão absorta em seus planos e pensamentos que não ouviu chegar uma carruagem à porta da casa. Eram quase cinco e meia da tarde e já escurecia, mas nada de Ivan Fiodorovitch aparecer. Jossef, que não sabia mais o que pensar da atitude de seu amo, saía a cada cinco minutos para ver se ele tinha chegado. Ao ver uma carruagem se aproximando, Jossef correu ao encontro dela, mas em seguida reconheceu os cavalos de Richard Fiodorovitch. Provavelmente o seu senhor tinha pedido a carruagem do irmão emprestada para buscar a esposa.

Logo que a carruagem parou, Jossef apressou-se em abrir a porta, mas dentro dela estava apenas Richard e ao seu lado havia um magnífico buquê de flores e uma grande bomboneira.

— E então, Jossef, chegaram nossos recém-casados? Por que essa escuridão? — perguntou o jovem cavalheiro, pulando agilmente da carruagem.

— Ah! Se o senhor soubesse o que aconteceu aqui! — respondeu Jossef com aflição.

Em poucas palavras, o criado contou a Richard que Cleópatra Andreevna havia levado toda a mobília e que seu amo, logo depois da chegada, fora para a cidade, prometendo voltar dentro de uma hora.

— Mas já se passaram seis horas e ele não chegou ainda. A coitada da senhora não põe nada na boca desde de manhã. Simplesmente não sei o que fazer. Onde ela vai dormir?!

Richard ouvia com as sobrancelhas carregadas.

No fundo, ele nunca tivera respeito pela madrasta. Mas não imaginava que ela fosse tão má e mesquinha. Quanto ao irmão, ele também estava demonstrando o seu egoísmo rude em todo o esplendor, embora para ele talvez tivesse uma desculpa.

Richard sabia que Ivan estava sem dinheiro e era muito provável que o tivesse procurado no Ministério, mas não o encontrando, então provavelmente tinha percorrido Petersburgo inteira para conseguir dinheiro de alguma maneira. Além disso, uma inevitável e tempestuosa discussão com a mãe devia ter-lhe tomado bastante tempo. Porém, todas essas circunstâncias não eram suficientes para justificar sua revoltante negligência para com a jovem esposa.

— Leve-me até a senhora! — solicitou Richard com voz entrecortada. — As flores e os bombons deixe na carruagem, por enquanto.

Na soleira da porta, onde estava Ksenia, Richard parou e com curiosidade ficou examinando a moça que, provavelmente, não ouvira seus passos. Recostada na poltrona, ela observava as fortes chamas que projetavam nela uma luz vermelha. A expressão de seu pequeno e pálido rosto e dos olhos grandes, ora ardendo, ora enevoados com lágrimas, revelavam claramente a tempestade desencadeada em sua alma. Com admiração e simpatia, Richard olhava para Ksenia. A moça era encantadora, por isso a atitude de Ivan tornava-se para ele ainda mais incompreensível.

Um minuto depois, Richard se dirigiu a ela. Desta vez, Ksenia ouviu passos masculinos diferentes dos passos do criado e, achando que era o seu marido, ergueu-se rapidamente. Ao ver um homem desconhecido, ela se levantou e lançou um olhar sombrio que, sem palavras, perguntava claramente:

— Quem é você? O que quer de mim?

— Permita que eu me apresente, Ksenia Aleksandrovna. Sou seu cunhado, Richard Guerouville. Ao mesmo tempo, permita-me expressar minha simpatia e extrema surpresa de encontrá-la nessa situação tão estranha, para não dizer mais — lamentou Richard, levando a seus lábios a mão da jovem mulher.

Ao ouvir o som daquela voz amável e encontrando um olhar bondoso e cordial, Ksenia sentiu um alívio.

— Explique-me o que significa tudo isso. Só posso entender que os parentes de meu marido têm algum preconceito contra mim, já que me recebem de uma maneira tão ultrajante! — disse Ksenia com voz trêmula de lágrimas.

— Tenha a bondade! Exclua minha pessoa, ao falar da malevolência de seus novos parentes! Sou filho do primeiro casamento de meu pai e não pertenço à família de meu irmão — respondeu Richard sorrindo. — O principal, minha querida cunhada, é não cair em desespero por nada. Numa cidade grande como esta, é muito fácil apagar os rastros da devastação feita por minha madrasta. Vou dar algumas ordens e dentro de duas horas nós estaremos jantando e esperando por Ivan.

Ao ouvir o nome do marido, Ksenia entortou os lábios numa expressão de desdém e de ódio. Richard notou, mas não deixou transparecer. Chamou pelo criado, e Jossef o atendeu em seguida.

— Sobrou em casa pelo menos uma garrafa daquele meu vinho ou a madrasta esvaziou a adega também?

— Não, ainda sobraram vinte garrafas do vinho húngaro.

— Excelente! Traga já uma garrafa de tócai[5] e dois copos, se encontrar.

Em menos de cinco minutos, os quais Richard aproveitou para ir buscar as flores e os bombons, Jossef apareceu, trazendo a garrafa. Richard encheu os copos e, erguendo o seu, disse animadamente:

— À sua saúde e à nossa amizade!

Com um sorriso triste, Ksenia tomou alguns goles e agradeceu a gentileza do jovem cavalheiro. Richard, com ar alegre, disse que não aceitava agradecimentos por tão pouca coisa. Depois, despediu-se da jovem senhora e prometeu voltar em duas horas, no máximo.

Ao entrar na carruagem, o jovem cavalheiro ordenou que o levassem à loja de móveis mais próxima. Um guarda de rua indicou-lhe uma loja grande que vendia móveis novos e usados. Em meia hora Richard escolheu conjuntos de móveis para sala de visitas, sala de jantar, ***boudoir***,[6] dormitório e saleta. Não se esqueceu dos abajures, espelhos, cortinas, reposteiros e até do relógio. Mandou que entregassem tudo imediatamente no endereço indicado e que usassem furgões em quantidade necessária para levar tudo de uma só vez. Depois, comprou um aparelho de chá e algumas louças. Além disso, passou por um restaurante, encomendou um jantar completo e também ordenou que o entregassem na casa de campo. Feito isso, apressou-se em ir ver a cunhada.

"Estou muito curioso para saber se o nosso incomparável Ivan Fiodorovitch voltou, ou se esqueceu completamente que está casado e que em sua casa não tem nem uma cadeira e nem um pedaço de

5 Tócai - Vinho licoroso procedente da Hungria.

6 ***Boudoir*** - Do francês, cômodo pequeno e elegante, em moradias requintadas, reservado à dona da casa, que nele pode isolar-se ou receber pessoas íntimas.

pão", pensou Richard, entrando na carruagem. "Não, Ivan é definitivamente impossível! É claro que não iria ajudá-lo se não tivesse dó daquela pobre criança. Mas por que diabos ele se casou? Não é possível imaginar que ele tenha feito isso somente para se divertir por algumas semanas."

Quando Richard chegou, os furgões já estavam sendo descarregados. Na sala de visitas ouvia-se a voz jovem e melodiosa de Ksenia, apontando os lugares onde se colocariam os espelhos. Ao ver Richard, Ksenia Aleksandrovna correu ao seu encontro.

— Como posso lhe agradecer? O senhor é tão bom e magnânimo comigo! Completamente diferente de...

A jovem mulher se calou e algumas lágrimas quentes e amargas caíram de seus longos cílios.

— Não é preciso exagerar. São apenas bobagens – respondeu Richard com alegria. — É muito natural que, sendo o irmão mais velho, eu corrija as besteiras do mais novo. Permita-me ajudá-la. Eu me ocupo da sala de visitas e da sala de jantar e a senhora do ***boudoir*** e do dormitório. Já que minha madrasta, tão generosamente deixou os ganchos, será fácil pendurar tudo e, quando chegar o jantar, sua casa estará completamente arrumada.

Realmente, muito antes do que se podia esperar, toda a mobília estava instalada, as lâmpadas e os espelhos estavam pendurados em seus devidos lugares, os quartos estavam limpos e iluminados e todas as lareiras acesas. Como num passe de mágica, a casa vazia, suja e empoeirada transformou-se em cômodos alegres e bonitos.

— Amanhã mandarei para cá jardineiras e flores, e seus quartos terão um aspecto mais confortável ainda — disse Richard, olhando satisfeito para a mobília do *boudoir*, revestida de cetim cinza. — Espero ter conseguido agradá-la, querida cunhada, porque tudo o que vê aqui pertence exclusivamente a você; é o meu presente de casamento.

Ksenia ficou ruborizada.

— Agradeço de coração. É claro que não hesitaria em aceitar seu presente, se pretendesse morar aqui. Mas, depois de tudo o que aconteceu hoje, estou convencida de que estou sobrando por aqui. Minha dignidade não me permite continuar sendo membro de uma família que me recebe dessa maneira ultrajante. Vou conversar com Ivan Fiodorovitch assim que ele tiver a bondade de voltar e depois retorno a Moscou. Se bem que, para meu azar, não segui os sábios conselhos do meu pai adotivo. Mas acho que ele não vai se recusar a me acolher enquanto eu não encontrar alguma ocupação.

Richard a ouvia sem interromper. Quando ela se calou e balançou a cabeça, tremendo de emoção, ele a convidou a sentar-se no pequeno divã, dizendo em tom amigável e sério:

— Escute com calma aquilo que considero meu dever dizer-lhe, Ksenia Aleksandrovna. É necessário evitar decisões precipitadas, causadas pela irritação, por mais justa que ela seja. É fácil armar um escândalo, mas é difícil consertá-lo. Em assuntos desse gênero, a reputação da mulher é a mais prejudicada. Além disso, Ivan tem direitos sobre você e a obrigará a reconhecê-los, nem que seja por teimosia ou somente para contrariá-la, se souber que você pretende abandoná-lo. Não desperte nele esses maus sentimentos. Mas digamos que consiga ir embora. O que irão falar de seu retorno quarenta e oito horas após o casamento? Tenha certeza de que os boatos mais desagradáveis se espalharão. Permita-me acrescentar ainda que o matrimônio é uma aliança sagrada demais para ser rompida na primeira decepção. A coisa está feita, Ksenia Aleksandrovna! Agora não há como consertá-la. Tudo ainda pode ser resolvido por bem. Antes de julgar Ivan, vamos esperar para saber o que o segurou por tanto tempo.

Ksenia escutou tudo calada. Estava terrivelmente pálida, olhos abaixados. No entanto, ela entendeu que Richard Fiodorovitch tinha razão, e que a corda, com a qual ela mesma tentara se enforcar, não seria tão fácil de desatar.

A notícia de que o jantar havia chegado interrompeu o silêncio que reinava no quarto. Richard, em seguida, levantou-se do divã.

— Vou dar ordens para que Jossef ponha a mesa enquanto você se troca, pois essa roupa de viagem deve ser muito desconfortável — disse ele alegremente, chamando Jossef.

Ksenia, sem responder uma palavra, foi para o dormitório, já totalmente arrumado por Dária, que demonstrou uma incrível habilidade. Seria justo notar que Dária ficou muito impressionada com a rapidez de Richard em transformar a casa de campo devastada. Além do mais, uma nota de três rublos em sua mão fez com que ela o admirasse mais ainda.

Na penteadeira foram colocados frascos e outros bibelôs de prata e cristal. Uma lâmpada acesa com abajur cor-de-rosa estava na mesa, dando ao quarto uma meia-luz muito agradável.

Antes de trocar a roupa de viagem, Ksenia tirou do bolso um envelope com fotografias e bilhetes amorosos, que cuidadosamente havia pego da parede, e guardou-os na gaveta do toucador, trancando-os à chave. Trocou o conjunto de lã por um vestido de veludo com gola rendada larga que combinava maravilhosamente bem com ela e saiu para a sala de jantar, onde Richard a esperava fumando um cigarro.

O jovem cavalheiro ficou admirado ao ver Ksenia, corada de emoção e com brilho febril nos olhos. Os dois mal haviam trocado algumas palavras quando a porta se abriu violentamente, Ivan entrou voando e abraçou fortemente Richard.

— Meu incomparável irmão! Meu único amigo! Como posso lhe agradecer por tudo que fez? Como um mago, você transformou este deserto num palácio encantador. Ah! Se você soubesse quantos aborrecimentos eu tive, ficaria arrepiado. Uf!... — exaurido, ele caiu na cadeira. — Estou todo quebrado! Pensei que meu fígado fosse explodir enquanto vinha para cá buscar minha pobre Ksenia e levá-la para um hotel e, de repente, encontro aqui esta surpresa maravilhosa.

Ivan Fiodorovitch pulou da cadeira, abraçou Ksenia e beijou-a nas duas bochechas. A jovem mulher não mostrou resistência aos beijos, mas não os retribuiu. Sem reparar nisso, Ivan Fiodorovitch, já bem disposto novamente, virou-se para o irmão, que estava cortando uma torta, e despejou uma chuva de adjetivos pouco corteses sobre sua família. Estava a tal ponto enfurecido com a mãe que, mesmo o tom humorístico com o qual ele falava de Júlia e de sua avó, tornava-se bilioso só de mencionar o nome de Cleópatra Andreevna. Porém, o excelente jantar o descontraiu. Ele mostrou-se muito falante, amável e atencioso com Ksenia.

Quando Richard brindou à saúde dos recém-casados, Ivan respondeu com um alto "urra!" em honra do magnânimo e melhor dos irmãos, presentes, passados e futuros.

A noite foi muito mais agradável do que se podia

esperar. Até Ksenia deixou de parecer triste e sofrida. A certeza de que naquela nova família hostil ela tinha um amigo e protetor lhe devolveu a tranquilidade e a confiança. Uma profunda gratidão transparecia em sua voz e em seus lindos olhos quando ela se despediu de Richard. Mais uma vez, agradeceu tudo o que ele havia feito por ela. Com um sorriso, ele declinava os agradecimentos, prometendo voltar logo e, no final, pediu a Ivan Fiodorovitch para acompanhá-lo ao escritório por um minuto, pois precisava conversar com ele.

Logo que os jovens ficaram a sós, Richard perguntou a Ivan:

— Você tem dinheiro para as despesas da casa? Imagino que esteja sem um tostão.

— A sua imaginação não lhe enganou! Gastei muito com o casamento e a viagem, o que é de se entender, e o dia 20 ainda está longe. Tenho apenas vinte e cinco rublos e com este dinheiro Ksenia terá de cuidar de nossa vida durante as duas semanas que restam até eu receber o meu salário. Isso será uma chance excelente para ela provar suas aptidões domésticas e eu, por minha vez, vou ser muito moderado — disse rindo o incorrigível pândego.

— E você não terá vergonha de submetê-la a isso, sendo tão exigente em relação à arte culinária? Ou talvez você queira que ela lhe envergonhe ao ficar devendo em todas as lojas? — perguntou Richard em tom de censura.

Ivan Fiodorovitch ficou confuso por um momento, mas em seguida exclamou:

— Meu Deus, como você é trágico! O que posso fazer nessas circunstâncias lamentáveis?

— Pensar antes e agir depois. Aliás, nenhum conselho iria aliviar a sua situação neste instante.

Richard tirou a carteira do bolso e deu ao irmão cinco notas de cem rublos.

— Pegue, Ivan! Deste dinheiro, entregue trezentos rublos à sua mulher. Ela é jovem, inexperiente e, sem dúvida, vão enganá-la e se sentirá constrangida em lhe pedir dinheiro novamente, o que poderá agravar a relação de vocês.

Ivan Fiodorovitch, agradavelmente surpreso, abraçou o irmão, beijou-o calorosamente e acrescentou:

— Fico muito feliz em ver que minha pequena Ksenia soube merecer a sua benevolência. Não concorda que ela é muito simpática?

— Ela é encantadora. Mas devo lhe prevenir, Ivan, que os acontecimentos de hoje deixaram nela uma péssima impressão. As ofensas por parte de sua mãe podem custar a você o amor de Ksenia. Eu acho que sua mulher tem um gênio orgulhoso e sensível e não permitirá que a ofendam impunemente. A propósito, já que estamos a sós, conte-me sobre sua conversa com Cleópatra Andreevna a respeito do que ela fez. Eu não almoço em casa já faz dois dias para evitar o inferno que está reinando por lá.

— Nem me fale dela! Nós tivemos tamanha discussão que tão cedo não voltarei a vê-la. Pensei que aquelas três iam me deixar em pedaços. Como se eu não pudesse me casar com quem quero! Juro, Richard, que aquelas três megeras são a desgraça de minha vida. Injustas, ingratas, ávidas, insaciáveis, sempre procuram me indispor com você. Elas ousam lhe chamar de avarento enquanto vivem às suas custas. Na verdade, merecem que você feche a carteira e faça com que elas mudem para outro apartamento, menos luxuoso. Quanto ao seu bom aviso em relação a Ksenia, eu, por minha vez, quero lhe advertir que

Júlia alimenta a idéia de ser sua amante. Percebi e me diverti com isso, dando-lhe a entender que você não é tão bobo para cair na teia dela.

— Quanto a isso, pode ficar tranquilo! Eu respeito demais Júlia Pavlovna para colocá-la numa situação tão constrangedora — respondeu Richard com um sorriso irônico, despedindo-se do irmão.

Quando Richard estava sozinho na carruagem que o levava para casa, sentiu uma tristeza e um vazio incompreensíveis. Sem querer, ele repassava na mente os acontecimentos daquela noite e experimentava uma enorme pena e simpatia pela cunhada. O futuro de Ksenia lhe parecia sombrio e triste. Conhecia bem o caráter volúvel e inconstante do irmão. E, com a raiva que Cleópatra Andreevna demonstrou, não era difícil prever a que alfinetadas e ofensas ela iria recorrer para ferir a nora.

"Como irá terminar tudo isso? Como Ivan conseguirá se desvencilhar de Carolina?", pensava Richard, passando a mão pela testa. "Antes de viajar para Moscou, ele me pediu setecentos rublos emprestados para mandá-la à Criméia,[7] dizendo que era para tratar seus distúrbios nervosos, mas, na verdade, era para se livrar dela enquanto tentava arranjar o casamento com Nikiforova. Imagino a cólera de Carolina quando voltar e encontrá-lo casado! Será um escândalo terrível, tanto mais que ela já tem um filho de Ivan e saiu daqui grávida de outro. Em todo caso, ela vai obrigá-lo a pagar uma boa pensão. Preciso conversar sobre isso com Ivan. Ainda bem que essa fulana não voltará antes de outubro."

A carruagem parou e os devaneios de Richard

7 Criméia - Península situada ao sul da Ucrânia, cuja capital é Simferopol, é banhada pelo Mar Negro e pelo Mar Azov.

foram interrompidos. O jovem cavalheiro se sentia muito cansado e logo foi para a cama.

Uma conversa com o velho camareiro da casa deu uma nova direção aos seus pensamentos. Saveli lhe contou sobre uma cena terrível que tinha havido entre Ivan Fiodorovitch e a mãe, durante a qual Cleópatra Andreevna desmaiou três vezes, ameaçou espetar os olhos da nora e, enfurecida, chegou a dar uns bons socos em Anastácia, que teve o azar de estar por perto. Isso provocou uma briga geral e Júlia até mandou buscar o camareiro para fazer o papel de mediador, mas, felizmente, ele não estava em casa.

Richard decidiu, então, não tomar nenhum partido nas brigas das três mulheres. Queria apenas tentar chamar Cleópatra Andreevna à razão e convencê-la a manter um relacionamento mais conveniente com a nora.

Finalmente, ele adormeceu, pensando naquilo que diria à madrasta.

Richard, porém, não conseguiu realizar seus planos pacificadores. Quando entrou no apartamento da madrasta para almoçar, viu apenas Júlia e a avó. As duas estavam caladas e tinham um ar de mágoa.

Capítulo 3

Passaram-se alguns dias. Richard, sem entender o porquê, evitava visitar os recém-casados, mas pensava muito neles e diariamente comprava para a cunhada presentes caros, pois nada lhe parecia bonito e fino o suficiente para ela. Assim, comprou flores maravilhosas, jardineiras muito bem-feitas, bibelôs do Japão e da Sérvia,[1] quase uma biblioteca de livros clássicos e modernos, dois papagaios, um cinza e outro vermelho, e um excelente piano.

Numa manhã, uma semana depois do animado jantar com o casal, Richard recebeu um bilhete de Ksenia. A jovem mulher agradecia seus numerosos presentes e perguntava quando ele iria finalmente visitá-los, dando a ela a oportunidade de apertar a mão do amigo e parente tão magnânimo.

Era feriado. Richard não precisava trabalhar e decidiu fazer uma visita ao irmão, que também devia estar em casa. Ele mandou atrelar os cavalos e foi embora, levando consigo uma cachorrinha do tamanho de um punho que comprara na véspera para presentear a cunhada.

1 Sérvia - Uma das repúblicas que constitui a República Iugoslava, situada na península dos Balcãs, a oeste da Bulgária e Romênia e ao sul da Hungria; sua capital é Belgrado.

A pequena casa de campo tinha agora um aspecto muito limpo e gracioso. As calçadas estavam bem varridas, a placa de cobre na porta brilhava como ouro e de todas as janelas, cheias de flores, pendiam cortinas de filó. Os lampiões bem polidos na frente da casa brilhavam à luz do Sol.

A decoração interna também causava uma impressão agradável. A sala de jantar, com os móveis revestidos de veludo, flores nas jardineiras e prateleiras com bibelôs caros, podia servir de modelo de elegância e conforto. Richard passou o olhar contente pela sala. Aquela transformação agradável fora obra sua. Por que não estava ao seu alcance afastar também as sombras que entristeciam o futuro daquela jovem e encantadora criatura, do mesmo modo como criara para ela aquele lindo ninho?

Naquele exato instante, à porta do cômodo contíguo, apareceu Ksenia, com as faces coradas e os olhos brilhando. Com um sorriso, ela correu ao encontro do jovem cavalheiro e estendeu-lhe as mãos.

— Richard Fiodorovitch! Onde acharei palavras para lhe agradecer por toda a sua bondade e generosidade? — disse ela, emocionada.

— Suas boas palavras são uma recompensa muito maior do que o pouco que eu tive a felicidade de lhe oferecer — respondeu Richard, beijando as mãos da jovem mulher.

Depois, ao entregar-lhe a cachorrinha, ele acrescentou sorrindo:

— Aceite, querida cunhada, esta malandrinha! Que ela a divirta em suas horas de solidão. Lembro-me de você ter falado que gosta de animais.

— Oh! Muitíssimo grata! Sim, adoro animais. Há muito tempo queria ter um cãozinho desses — exclamou Ksenia, apertando o bichinho contra a face.

Ksenia chamou por Dária e somente depois de terem dado pão e leite à cachorrinha e tê-la acomodado numa cesta, ela voltou ao cunhado e, animada, ofereceu-se para lhe mostrar a casa toda, agora arrumada definitivamente. Richard, que não tirava os olhos dela, concordou sem demora. Perguntou apenas:

— Onde está Ivan? Ainda está dormindo?

As feições de Ksenia entristeceram-se. Com voz entrecortada ela disse que ele já tinha saído e só voltaria para o almoço. Sem nenhum comentário, Richard seguiu a cunhada. Ele examinava e elogiava a decoração da sala de jantar, do escritório de Ivan, do dormitório e até da cozinha e do quarto de Dária.

— Vou continuar abusando de sua paciência. Já que você é o decorador desta casa, deve vê-la por inteiro e em todos os pormenores — disse Ksenia, levando Richard ao seu ***boudoir***.

Era um quarto pequeno, inundado pelo Sol, todo cor-de-rosa. Ali ficava a gaiola dos papagaios. Pelo que se percebia, aquele quarto era o cantinho predileto de Ksenia.

— Posso reconhecer apenas meu papel de fornecedor. Mas o mérito da decoração é seu — respondeu alegremente Richard. — Na verdade, é uma pena que você tenha feito tanto esforço para decorar uma residência temporária. Já era hora de você ir morar na cidade. Vim aqui justamente com essa proposta. Quero lhe oferecer um apartamento em meu prédio na rua Liteinaia, que logo ficará vago.

— Richard Fiodorovitch, você é a bondade em carne e osso. Mas vou lhe dizer sinceramente que prefiro passar o inverno aqui, longe da família de meu marido, que me provoca verdadeiro asco. Aquelas mulheres me demonstraram tanto ódio que quanto mais longe estiver delas, melhor me sentirei.

— Entendo perfeitamente esse seu sentimento. Mas, mesmo estando na cidade, você pode evitar vê-las, da mesma maneira que morando aqui. Mas viver todo o inverno neste lugar deserto é impossível.

Ksenia suspirou.

— Numa cidade, no meio da multidão, uma pessoa pode se sentir mais solitária do que no fundo da mata — respondeu ela tristemente.

— Tem razão, Ksenia Aleksandrovna! Tudo depende das circunstâncias. Mas acho que não se deve, desde o princípio, perder o ânimo. Na maioria das vezes, nós mesmos criamos as boas ou más condições que nos cercam. Com paciência, bom senso e um verdadeiro amor, pode-se vencer muitas barreiras criadas por velhos costumes; maus costumes, confesso, mas, no fim das contas, é possível se livrar deles. Nos momentos difíceis, não se esqueça de que você tem um amigo e irmão que sempre lhe dará apoio e conselho.

Ksenia respondeu apenas com um olhar de gratidão. Naquele momento, entrou Dária, anunciando que o café da manhã fora servido. A jovem mulher logo assumiu seu papel de dona de casa. Corando levemente, convidou Richard a tomar café da manhã com ela e o levou para a sala de jantar. Ela começou a servi-lo com tanta hospitalidade que se esqueceu de todos os outros problemas.

O café da manhã fazia honra à jovem dona de casa. Era refinado e muito gostoso. Como Richard comia com apetite e não poupava elogios, Ksenia ficava cada vez mais bem-humorada. Ela ria e falava com um entusiasmo que Richard ainda não havia notado nela.

Depois de servido o chá, a atenção dos jovens foi atraída pelo barulho de uma discussão acalorada. A rude voz do varredor e o tenor estridente de Jossef misturavam-se com uma voz feminina tão forte que às vezes cobria as outras duas. Depois, a campainha tocou tão alto que os vidros das janelas tiniram.

— Meu Deus, o que terá acontecido? — perguntou Ksenia, levantando-se alarmada em direção à janela.

Nesse instante, a porta se abriu ruidosamente e a sala de visitas foi invadida por uma mulher que ao ver Ksenia correu até ela, medindo-a com um olhar flamejante. A inesperada invasora tinha vinte e sete anos, era jovem, bonita, de corpo esbelto, grandes olhos negros e lindos cabelos da mesma cor. Estava de vestido preto, uma jaqueta de veludo e um grande chapéu com plumas.

Apesar da beleza, a cólera que sentia desfigurava sua fisionomia; seu rosto estava vermelho e a boca completamente retorcida. Com as mãos tremendo, ela agitava fortemente seu lornhão[2] de haste comprida, preso numa corrente de ouro.

— Ah! Eis a canalha que ocupou meu lugar e que Ivan cercou de tanto luxo enquanto não considera necessário pagar nem a minha parteira! — gritou ela, lançando um olhar irônico para Ksenia e para o quarto. — Só que a senhora está muito enganada pensando que vou lhe ceder o meu lugar. Eu tenho direito sagrado. Tenho dois filhos dele e vou defender seus direitos contra qualquer nova amante! E agora, saia do meu caminho! Eu não acredito na ausência de Ivan. Com certeza ele está se escondendo. Quero falar com ele.

---

2 Lornhão - Tipo de luneta utilizada especialmente por senhoras, formada de duas lentes com um cabo e que se coloca sobre o nariz.

Emudecida e branca como sua gola de renda, Ksenia ouvia as palavras da desconhecida. Já o rosto de Richard ficou rubro e, ao dar um passo à frente, ele disse em tom frio e severo:

— Minha senhora, saiba que está na casa da legítima esposa de Ivan Guerouville! A senhora mesma deve entender que não tem nada o que buscar aqui, e que nem eu, irmão dele, nem a senhora Guerouville temos o mínimo interesse em saber que direitos a senhora tem sobre Ivan. Meus respeitos! Jossef, acompanhe-a!

As palavras do jovem cavalheiro causaram efeito na desconhecida e convenceram-na de que realmente seu amante havia-se casado, no que antes ela não acreditara.

Ela teve um novo ataque de cólera. Soltou um grito rouco, caiu na poltrona e começou a bater os pés e a soltar gritos entre soluços convulsivos:

— Bandido! Raptor da honra feminina! Ladrão que ousou se casar, deixando-me perdida e roubando de suas infelizes crianças o nome que lhes pertence.

Mas Richard não lhe deu tempo de se entregar àquela crise nervosa. Rapidamente chegou perto da poltrona e obrigou a desconhecida a se levantar.

— Trate de procurar outro lugar que não seja a sala de minha cunhada para suas queixas e lamentações! Procure onde quiser o seu herói que, pelo visto, acabou definitivamente com o seu passado e não achou necessário avisar a senhora do seu casamento.

— Aquele malfeitor me mandou para a Criméia! Mas eu lhe darei o troco!

— Como a senhora quiser, mas não aqui. Imagine se todas as antigas amantes e os filhos ilegítimos atacassem a mulher legítima em sua própria casa! Jossef, leve-a! Vamos, Ksenia Aleksandrovna!

Richard pegou a mão da jovem mulher, que estava imóvel como uma pedra, entrou com ela na sala de jantar e passou o trinco. Tremendo febrilmente, lívida, Ksenia sentou-se perto da janela, levou as mãos ao rosto e, sentindo medo, prestava atenção ao que estava acontecendo na sala.

— Oh! Covil de bandidos! O irmão, digno desse malvado, ousa ofender uma mulher indefesa, roubada e enganada! — continuava gritando a desconhecida, com voz cada vez mais estridente.

Finalmente, Jossef também achou necessário mostrar-lhe sua autoridade.

— Vá embora, Carolina! Acalme-se e vá com Deus! Os gritos não ajudam em nada quando está tudo acabado. Meu amo se casou! Eu lhe aconselho a não brincar com Richard Fiodorovitch. Ele é capaz de chamar a polícia, se não parar de fazer escândalo.

Esse argumento fez o devido efeito. Carolina Karlovna calou-se e, como um furacão, saiu da casa, batendo as portas sem clemência.

Richard também prestava atenção à conversa de Jossef com Carolina e, quando ela foi embora, voltou-se para sua cunhada. Mas ao vê-la desesperada e tremendo da cabeça aos pés, pegou-a pela mão e gritou:

— Meu Deus, Ksenia Aleksandrovna! Não se pode encarar tão tragicamente um caso insignificante.

— Você chama de um caso insignificante esse escândalo insólito? A amante me ofendendo em minha própria casa? Aliás, de certo modo, ela tem esse direito, pois eu represento a causa da impossibilidade do homem com quem tem dois filhos de se casar com ela — clamou Ksenia com indignação.

Richard riu tão alto e alegremente que a jovem

olhou para ele com descontentamento.

— Suas palavras são palavras de uma criança que não tem experiência de vida. Acalme sua consciência! Você não tem culpa do fracasso dessa dama. Ela cansou Ivan; é só isso! Quanto às crianças, é um assunto difícil de esclarecer. Que ela use os filhos para tirar de meu irmão uma soma mais significativa é uma coisa bem compreensível. Também é completamente natural que ela veja na esposa legítima de Ivan sua inimiga pessoal. Mas você não tem motivos para ficar abalada a tal ponto.

— Não posso encarar isso de outra maneira! O fato de Ivan ser uma pessoa tão devassa me revolta.

— Escute, Ksenia Aleksandrovna, você agora é uma mulher casada e deve entender que no passado de cada homem jovem há ligações secretas. E quando se comete a imprudência de se casar... — Richard sorriu —, de se casar com um homem jovem tão bonito como Ivan é preciso ser duplamente condescendente. Mulheres despudoradas perseguem-no e não desprezam nenhum método de sedução para atraí-lo. Essa mulher, que sem escrúpulo nenhum expõe um relacionamento tão vergonhoso diante dos outros, é, sem dúvida, uma leviana por profissão. Logo que ela conseguir tirar de Ivan tudo o que se pode tirar com ameaças, vai procurar uma nova vítima que arcará com seu guarda-roupa e seus prazeres. O escândalo de hoje tem um lado positivo, pois ela não poderá mais chantagear Ivan dizendo que vai revelar a você sua ligação secreta com ele; assim ele se livrará dessa sujeira mais rapidamente.

As palavras tranquilas e sensatas de Richard acalmaram um pouco a irritação febril que atormentava a alma de Ksenia. Tentando sorrir, a jovem mulher esticou-lhe a mão, a qual ele beijou carinhosamente.

Depois, ao olhar para o relógio, Richard disse:

— Preciso ir embora. Às oito horas estarei de volta. Por favor, peça a Ivan que espere por mim, pois tenho de conversar com ele sobre um assunto.

— Está bem! Mas sobre o que aconteceu hoje, eu não lhe direi nenhuma palavra. É penoso demais para mim! — balbuciou Ksenia, mexendo e remexendo nervosamente o laço de seu cinto.

— Sim, claro! Entendo perfeitamente o que deve estar sentindo — respondeu Richard, com um sorriso conciliador. — Só exijo de você uma coisa: que se acalme e que eu não a veja de olhos inchados e com ar de luto quando voltar — acrescentou ele, despedindo-se.

Capítulo 4

Ficando só, Ksenia se trancou no quarto e chorou amargamente. Sua excitação nervosa durou muito tempo e apenas com grande força de vontade ela conseguiu recuperar a calma aparente. Mal teve tempo de lavar o rosto com água fria e Dária já estava no quarto com uma carta na mão. Triste e cansada, Ksenia sentou-se à mesa e abriu o envelope. A carta era de seu pai. Com seu modo costumeiro, calmo e amigável, mas contido, Leon Leonovitch pedia à filha adotiva que lhe escrevesse com mais frequência e descrevia os acontecimentos de sua nova vida.

> Você não pode duvidar do meu interesse em tudo que se refere a você. Talvez meus conselhos e minha experiência de vida possam lhe ser úteis. Eu gostaria de estar errado, mas, por certos motivos, receio que muitas nuvens irão escurecer sua vida conjugal. Por isso, lembre-se que estou sempre pronto a ajudá-la e a defendê-la na medida que for possível.

Com um suspiro de alívio, Ksenia dobrou a carta. As boas palavras de seu pai lhe devolveram a calma. Agora ela já não se sentia tão solitária; teria um abrigo onde seria acolhida, se a vida se tornasse insuportável, e um amigo que a ajudaria a criar, mesmo com dificuldade, sua condição independente.

Uma hora depois, Ivan Fiodorovitch voltou. Ele estava de péssimo humor. Beijou com negligência a esposa e, ao notar a cachorrinha que ela segurava no colo, disse com irritação:

— Que cachorro é esse? Onde você conseguiu essa porcaria?

— Foi Richard Fiodorovitch quem o trouxe hoje de manhã.

— Ora! Esse Richard tem umas idéias muito estranhas! Você não quer criar aqui um zoológico, não é? Papagaio, cachorro... só falta um macaco!

— Se isso lhe aborrece, posso pedir a Richard que o leve de volta. Aliás, ele pretende vir às oito horas e pediu que você espere por ele, pois precisa conversar sobre algum assunto importante.

— Está bem, vou aguardar! Mas devolver um presente que já foi aceito, não se deve! Só peço que não deixe que esse animal fique perto de mim enquanto estiver em casa.

Terminado o almoço, Ivan Fiodorovitch disse que iria descansar um pouco antes da chegada do irmão. Ksenia retirou-se para o *boudoir* e começou a brincar com o cachorrinho. Nela, começou a crescer a indignação e a oposição contra o homem egoísta que só dava a si mesmo o direito de se divertir.

Quando Richard chegou, Ksenia estava lendo com um ar tão calmo que ele não pôde deixar de dizer:

— Bravo, Ksenia Aleksandrovna! Vejo que meus conselhos não foram inúteis. Mas onde está Ivan? Jossef disse que ele está em casa.

— Está dormindo — respondeu ironicamente Ksenia. — Meu marido ainda não sabe sobre a cena que fez a beldade dele. Aliás, ele ficou muito descontente com o seu presente e me censurou severamente.

— Verdade? Mas Juju goza de sua simpatia! Olhe como ela está dormindo tranquila no seu colo! Vou dizer ao meu querido irmão que a trouxe para ser criada por você. Ele não vai me recusar um favor tão pequeno. Bom, até breve! Vou perturbar o sono de seu marido.

Ivan Fiodorovitch só estava cochilando, pois quando Richard entrou, ele logo se levantou e perguntou em tom descontente sobre que assunto o irmão queria lhe falar. O tom de voz e a expressão de seu rosto mostravam claramente que ele ainda estava de mau humor. Esforçava-se em não demonstrar isso a Richard, mas, naquele momento, a voz esganiçada da cachorrinha fez estourar sua irritação.

— Ora, Richard! Que idéia você teve de trazer esse animal nojento! Ele está sempre no colo de Ksenia e vai acabar sujando os móveis e os reposteiros.

— Não se irrite por nada! Os móveis e todo o resto pertencem à sua mulher. Foram meus presentes de casamento. E já que Juju me pertence, me considero responsável por qualquer dano que ela possa causar à minha cunhada, e o repararei, evidentemente. Mas vim para falar com você sobre um assunto mais importante. Diga, sabe onde se encontra a senhora Breitnaguel? Você a encontrou depois do seu casamento?

O rosto de Ivan contraiu-se levemente com a declaração de que tudo naquela casa pertencia a Ksenia. Mas com a pergunta ele ficou mais aflito.

— Eu não a vi, mas sei que ela voltou de Ialta,[1] porque me bombardeia com cartas. Comunicou-me

1 Ialta - Cidade e porto da Ucrânia, na província da Criméia.

que deu à luz um menino e, generosamente, atribui a paternidade a mim. É claro que não lhe respondi nada!

— Você agiu sem seriedade. Carolina Karlovna está longe de ser medrosa. Hoje de manhã ela veio aqui e armou um escândalo com a sua mulher, maltratando-a, como se Ksenia fosse uma miserável que lhe roubou o amante. Ora, me surpreende que você não tenha acabado com essa história suja antes do casamento!

Um rubor cobriu o rosto de Ivan Fiodorovitch. Ele pulou do sofá e gritou furioso:

— Como essa canalha, frequentadora de botequim, ousou fazer isso? Ela que espere! Vou ensinar como deve se conter e não repetir tais coisas. Mas por que Ksenia não me falou nada?

— Acho completamente natural. Não é muito agradável para uma jovem esposa contar ao marido que durante sua ausência recebeu a visita de sua amante, que armou um escândalo.

Tremendo de raiva, Ivan Fiodorovitch começou a se vestir depressa.

— Vou já na casa dessa calhorda e lhe mostrarei o seu verdadeiro lugar — resmungou ele.

Richard balançou a cabeça.

— Para que ir hoje e ainda em estado de ira? Você deve conversar com essa mulher de cabeça fria, com seriedade, e lhe oferecer uma determinada soma em dinheiro.

— Não vou lhe dar nada! Eu não tenho dinheiro sobrando para pagar a todas as miseráveis que se penduram em mim. Ela que prove que sou o pai dos seus filhos. Além de mim, outros homens a visitavam. Portanto, esse assunto ainda deixa muitas dúvidas.

— Mas você não vai querer levar à justiça esse assunto sujo. Você não pensa no que fala? Se resolver ir agora mesmo, vou com você. A minha presença freará a senhora Breitnaguel de atitudes exageradas.

Ivan Fiodorovitch, sem vacilar um segundo, aceitou a proposta. Ele pressentia que a presença do irmão naquele encontro acabaria por fazer com que Richard assumisse a pensão de sua amante, o que lhe daria muito prazer. Então, vestiu-se num instante e foi ao ***boudoir*** para se despedir de Ksenia.

Sentindo-se aliviado, ele se aproximou da esposa e deu-lhe um beijo, prometendo voltar logo. Ksenia não retribuiu o beijo, não respondeu nem olhou para o marido. Mas apertou a mão de Richard tão fortemente e premiou-o com um olhar tão caloroso e cheio de gratidão, que no coração de Ivan Fiodorovitch surgiu um leve sentimento de ciúme, embora imediatamente ele se convencesse que Ksenia queria apenas deixá-lo zangado por causa de seus ciúmes.

Quando os dois homens saíram, Ksenia vestiu seu roupão, soltou e penteou os cabelos e pretendia se ocupar com a leitura. Mas uma inquietude dominava-lhe a alma. Então, largou o livro, chamou por Dária e, com ajuda da camareira, começou a desmanchar uma grande caixa com cristais que ganhora do pai adotivo como complemento ao enxoval.

Quando tudo estava desembrulhado e guardado, Ksenia sentiu-se mais calma, sentou-se à escrivaninha e começou a escrever uma carta para Leon Leonovitch, agradecendo-o e contando tudo o que lhe acontecera.

Com toda franqueza descreveu a incrível recepção que sua sogra lhe preparara, falou da decepção com o marido e lamentou não ter seguido os sábios conselhos de seu protetor.

Recebi um castigo cruel e espero que o

senhor tenha dó de mim e me permita ficar sob seu teto até conseguir uma condição independente, trabalhando.

Com tais palavras, ela terminou a carta.

A jovem ia selar o envelope quando ouviu um forte ruído de várias carruagens, o que era muito estranho naquela rua tão deserta e silenciosa. As carruagens pararam no portão de sua casa.

Passado um minuto, nas dependências dos criados tocou a campainha e logo em seguida ouviram-se vozes. Dária, muito pálida, passou correndo para a saleta e abriu a porta da frente.

Ksenia, alarmada, dirigiu-se à sala de visitas e estancou na porta ao ver um grupo de homens entrando na casa, carregando um embrulho comprido. Richard os acompanhava, dizendo sem parar:

— Devagar! Devagar! Aqui tem um degrau... Vão com cuidado e levem-no diretamente para o dormitório!

Quando todos entraram na saleta, Ksenia viu que eles estavam carregando um homem, embrulhado numa capa. A cabeça dele estava caída para trás sem forças. Ksenia reconheceu que era Ivan Fiodorovitch e viu sua camisa ensanguentada por baixo da capa. As pernas dela ficaram bambas. Uma nuvem escura fechou-lhe os olhos, a garganta comprimida não conseguia soltar nenhum som. Ela cambaleou e, instintivamente, segurou no batente da porta para não cair.

Nesse momento, entrou Richard, que chamou por Dária e mandou-a segurar a cabeça do ferido. Depois, aproximou-se de Ksenia, apoiou-a e ajudou-a a sentar-se na poltrona.

— Ele morreu? — pronunciou ela com voz entrecortada.

— Não, apenas está desmaiado por ter perdido muito sangue. Esperamos que seu estado não seja grave. Aqueles dois senhores são os médicos que eu trouxe comigo. Depois vou lhe contar todos os detalhes, mas agora tenho de ver o doente.

Automaticamente Ksenia o seguiu e ficou nos pés da cama, onde estava Ivan Fiodorovitch, ainda sem consciência. Seu cabelo escuro contrastava com a brancura do travesseiro e destacava a lividez de seu rosto.

Um dos médicos, com a ajuda de Jossef, começou a cortar a roupa de Ivan.

— Saia, querida cunhada, agora vão trocar os curativos e o espetáculo não é bom para você! — disse Richard em tom amigável.

Ksenia docilmente deixou que a levassem. Sem forças, caiu na poltrona e ouviu que alguém gritou:

— Dária, traga água morna e a roupa.

Depois, ouviu-se um grito e gemidos. Ksenia fechou os olhos e tapou os ouvidos. Cada músculo tremia dentro dela.

Depois de meia hora, que lhe pareceu uma eternidade, a porta se abriu e Richard saiu do dormitório. Estava um tanto excitado.

— Trago-lhe boas notícias, Ksenia Aleksandrovna! — disse ele, sentando-se ao lado dela. — As duas balas foram extraídas. Uma estava no ombro e a outra bem ao lado. Como nenhum órgão vital foi atingido, os médicos prometem uma recuperação rápida. Aí estão os médicos! Depois que eles aviarem as receitas e forem embora, eu lhe darei o relatório completo de tudo o que aconteceu.

— Enquanto isso, eu posso vê-lo? — perguntou a jovem mulher.

— Sem dúvida, senhora! — disse o cirurgião, apresentado a Ksenia por Richard. — Seu marido está agora em plena consciência. Mas não fale com ele, o ferido precisa de calma e silêncio.

Com passos indecisos, Ksenia entrou no dormitório, agora à meia-luz, e inclinou-se sobre a cabeceira.

Ivan Fiodorovitch estava de olhos abertos. Ao ver a esposa, ele balbuciou:

— Ksenia... querida... perdoe-me!

— Fique calado! Você está proibido de falar — respondeu a moça, beijando o marido na testa.

Ivan Fiodorovitch realmente estava muito fraco. Ele fechou os olhos e em poucos minutos adormeceu. Ksenia saiu silenciosamente do quarto. Estava ansiosa por saber dos detalhes do trágico acontecimento.

Richard estava se despedindo dos médicos e dava para ouvir a conversa deles na saleta.

Ksenia sentou-se no pequeno sofá da sala de visitas, reclinou a cabeça para trás e fechou os olhos. Naquela agitação, ela se esqueceu completamente que não estava vestida. Richard, também preocupado demais, não havia reparado em coisa alguma. Mas quando voltou, parou surpreso e seu olhar não dissimulava a admiração pela figura feminina, tão terna e graciosa num largo roupão branco, cujas mangas mostravam seus lindos braços. Suas pesadas tranças caíam abaixo dos joelhos.

Um suspiro involuntário saiu de seu peito e seu coração novamente foi tomado por um sentimento de compaixão e simpatia por aquela jovem criatura, despreparada para o tempestuoso futuro que a esperava. Ele sentou-se ao lado dela e lhe disse amistosamente:

— Não se desespere, Ksenia Aleksandrovna! A vida do nosso ferido não corre nenhum risco. Mas espero que o acidente de hoje cure meu querido irmão da paixão por aventuras que tomam rumos tão desastrosos.

— Ele foi ferido por aquela sem-vergonha que esteve aqui hoje de manhã? — perguntou baixinho Ksenia.

— Acertou. Vou lhe contar agora como tudo aconteceu. Só quero pedir a Dária que nos prepare alguma coisa para beliscar. Confesso que estou morrendo de fome. Você também deveria comer algo, pois ainda vamos precisar de nossas forças.

Num minuto ele voltou, sentou-se no sofá e começou a contar:

— A notícia sobre o escândalo matinal deixou Ivan fora de si e ele resolveu ir logo à casa da ex-amante para pôr fim a essa história toda. Felizmente decidi acompanhá-lo. Eu pretendia arrancar dela o compromisso de nunca mais incomodar Ivan e sair por algum tempo de Petersburgo em troca de uma boa quantia de dinheiro. Esperava encontrar uma pessoa ajuizada, o ciúme doentio e a cobiça daquela megera privaram-na completamente da razão.

Desde o momento de nossa chegada ela armou um escândalo horrível. Devo reconhecer que Ivan não foi nada delicado, mas a fulana agiu com uma verdadeira fúria. Exigiu uma renda principesca como recompensa. Quando ri na cara dela, não quis ouvir mais nada. Com gritos selvagens, soluços e riso histérico ela correu para um outro quarto. Eu estava conversando com Ivan, tentando convencê-lo a ir embora e, de repente, vi a megera entrando na sala com uma pistola não mão. Dei um pulo para trás, puxando comigo Ivan e, graças a isso, a primeira bala não o acertou. Mas a louca atirou nele mais duas vezes. Quando Ivan caiu, ela fez de conta que queria se matar, mas, como era de se esperar, levou apenas um arranhão. Em seguida, tomei todas as providências para que esse incidente escandaloso fosse abafado.

Felizmente, no fim das contas, aquela mulher desprezível entendeu que comparecer ao Fórum Distrital não lhe daria nenhum prazer. Agora, ela vai se tratar em casa por minha conta e tudo o que aconteceu foi explicado como um simples acidente.

— Obrigada, Richard Fiodorovitch, por mais um favor que nos fez, abafando um escândalo público uma semana depois do meu casamento! Minha dívida de gratidão com você está tão grande que receio ficar inadimplente para sempre — disse Ksenia com voz cansada, tentando esboçar um sorriso.

— Não se preocupe! Eu saberei cobrar a dívida com juros — retrucou o jovem cavalheiro, brincando. — Agora eu tenho de lhe contar ainda sobre as providências que tomei para cuidar do ferido. Em primeiro lugar, chamei uma enfermeira que deve chegar a qualquer momento. Depois, se você permitir, gostaria de me acomodar aqui por alguns dias. Poderia ocupar o escritório de Ivan, lá tem um sofá e isso para mim será suficiente. Você se sentirá mais tranquila com uma companhia ao seu lado do que estando sozinha com o doente.

— Você, como um gênio do bem, adivinha meus desejos mais secretos. Apenas não ousava lhe pedir um favor tão grande — confessou Ksenia com um brilho nos olhos.

— Então, está resolvido! Depois de jantarmos e tomarmos um chá, iremos ao quarto de Ivan e ficaremos lá até a enfermeira chegar. Vou mandar Jossef buscar algumas coisas para mim e trazer também meu velho criado Saveli, com quem já estou acostumado.

Uma hora depois, chegou a enfermeira e logo

tomou o seu lugar perto do paciente, cujo estado tinha piorado: a febre subira muito e ele delirava.

Ksenia, preocupada, também decidiu passar a noite na cabeceira do marido. Quanto a Richard, ele, sentindo-se exausto, foi ao escritório para dormir por algumas horas.

Capítulo 5

Já passava de meia-noite quando Jossef chegou à casa de Richard na Marginal Inglesa. Primeiro foi ver o velho Saveli, que estava cochilando na saleta e ficou muito surpreso com a ordem que havia recebido.

Enquanto fazia a mala, juntando as coisas que Richard lhe pedira, Jossef foi para o andar de cima. Era muito amigo da cozinheira e esperava que lhe fosse oferecido um bom jantar. Além do mais, estava impaciente para contar as assombrosas e trágicas novidades que trazia.

Acordando subitamente, Cleópatra Andreevna, não entendeu nada ao ver a mãe e a sobrinha de camisola, aflitas e pálidas como fantasmas.

— O que houve? Anastácia está com difteria?— perguntou alarmada.

— Não, a menina está bem, graças a Deus! Não se assuste, mas Ivan foi assassinado! — gritou Maria Nikolaevna, e se desfez em prantos.

Cleópatra Andreevna caiu nos travesseiros, como se tivesse sido atingida por um golpe de machado. Depois, começou a rolar na cama com gritos estridentes e soluços. Mas, de repente, ficou calma e perguntou para a mãe por quem ela havia sabido da morte de

Ivan, e mandou chamar Jossef. Este esclareceu o mal-entendido dizendo que, quando partiu, seu amo estava vivo, mas que o estado dele provavelmente era grave, pois estava sendo tratado por dois médicos. Contou também que foram extraídas duas balas de seu corpo e chamaram uma enfermeira para ficar com ele.

Apesar dessas tristes notícias, as três senhoras se tranquilizaram um pouco, pois já que Ivan estava vivo, ainda havia esperança. E se Richard estava lá, então ele teria tudo que fosse preciso.

De repente, Cleópatra Andreevna declarou que queria ver o filho e aproveitaria a carona de Jossef para visitá-lo. No começo, essa decisão foi recebida com objeção por parte de Júlia e de Maria Nikolaevna, que achavam impossível que a senhora Guerouville se humilhasse, indo ao encontro de Ksenia depois de tudo o que acontecera. Mesmo em tais circunstâncias trágicas, sua dignidade não lhe permitia pisar na casa da aventureira, culpada por aquela desgraça. No fim das contas, Júlia resolveu fazer um sacrifício e ir sozinha ver Ivan, mas Cleópatra Andreevna não queria ouvir nada.

— Vou ver meu filho e não aquela sujeitinha! É meu direito! Quanto à senhora Toropova, saberei lhe mostrar o seu verdadeiro lugar, de tal maneira que não ousará se colocar no meu caminho enquanto eu considerar necessário permanecer ao lado de meu querido filho — proferiu ela.

Depois de meia hora de gritos e discussões, ficou resolvido que todas três iriam à ilha de Krestovski. Em seguida, mandaram preparar uma carruagem grande e empreenderam a viagem, escoltadas por Jossef, completamente atarantado, sem entender o que estava acontecendo. Um outro carro seguia a carruagem levando Saveli e as coisas de Richard.

Longe de suspeitar sobre a agradável visita que iria receber, Ksenia continuava sentada perto da cama do marido. O estado de Ivan Fiodorovitch agravara-se. Ele ardia em febre, agitava-se na cama, delirando. Aquilo que ele pronunciava no delírio revelava não apenas diversas aventuras, mas seus pensamentos secretos que ele nunca diria em voz alta.

No início, os maus sintomas preocuparam Ksenia, mas quando a enfermeira assegurou-a de que o estado do doente não tinha nada de especial, a jovem se acalmou e começou a prestar atenção às palavras de Ivan.

Um sentimento cada vez mais penoso tomava conta da jovem. Recostada numa poltrona grande, colocada nos pés da cama, ela fixava o rosto vermelho de Ivan Fiodorovitch com olhar turvo e triste, de cujos lábios escapavam desordenadamente trechos de canções indecentes, palavras de amor, nomes femininos e frases que demonstravam sua devassidão e ódio à vida regrada.

Um peso terrível, como o de uma pedra enorme, apertava o peito de Ksenia, cortando-lhe a respiração. Ela pôs as mãos no rosto para esconder as lágrimas que, apesar de sua resistência, brotavam em seus olhos. Não queria que a enfermeira as visse.

Nesse meio tempo, a enfermeira preparava compressas e bebidas refrescantes para o doente, que se agitava cada vez mais, quando, de repente, um murmúrio de vozes e um farfalhar de saias de seda no ***boudoir*** chamaram a atenção de Ksenia. Ela se levantou, nervosa e preocupada. Não teria vindo mais alguma amante para armar um escândalo à noite?

Então, Jossef apareceu e, ao se aproximar de Ksenia, apressadamente, sussurrou aflito:

— Vieram a mãe, a avó de Ivan Fiodorovitch e

com elas veio também Júlia Pavlovna. Elas querem ver o doente.

As faces de Ksenia ficaram rubras e, em seguida, empalideceram.

Sem dizer uma palavra, de cenho carregado, mas com ar resoluto, ela seguiu Jossef, abriu a porta do dormitório e parou.

Um silêncio penoso instalou-se por alguns instantes.

Eis que Cleópatra Andreevna saiu à frente majestosamente, fazendo com a mão um sinal para que Ksenia se afastasse, e disse em tom gelado:

— Faça o favor de se retirar! Queremos ver o ferido.

Ksenia não se mexeu.

— Os médicos proibiram barulho e qualquer agitação perto do doente. Portanto, peço que não entrem todas ao mesmo tempo no quarto dele — respondeu Ksenia com voz abafada, mas muito clara.

— Não é você quem vai nos dar ordens! De toda a família, o primeiro lugar ao lado do doente é meu. São os seus próximos quem vão cuidar dele e não uma estranha, que foi o motivo de sua desgraça, que não tem nada em comum conosco e a quem não vou ceder meus direitos!

Ao ouvir essas palavras rudes, o sangue subiu ao rosto de Ksenia, mas ela conteve a resposta áspera que estava na ponta de sua língua e disse tranquilamente e com dignidade:

— Não quero impedi-la de fazer uso de seus direitos de mãe, mas peço-lhe para não esquecer que a senhora não está diante de uma estranha, mas sim da esposa legítima de seu filho e da dona desta casa. O lugar ao lado de Ivan pertence a mim. É meu dever e obrigação cuidar dele e não permitirei que o incomodem!

— O quê? Quer me proibir de ver o meu filho? Não, essa insolência ultrapassa todos os limites e demonstra apenas a baixa condição de sua origem! Em vez de me implorar por perdão e confessar as vergonhosas tramóias que usou para conseguir um partido melhor que você, ousa me ofender! — gritava Cleópatra Andreevna com voz esganiçada, ficando rubra de ira.

Ela se esqueceu completamente de que no quarto ao lado estava o filho, ferido.

— Eu não entendo, senhora, de que honra e de que perdão está falando! — observou friamente Ksenia. — Nunca tive a intenção de recusar aos parentes de meu marido o respeito que eles merecem, se não tivessem dado motivos para isso. Ivan Fiodorovitch não me honrou, casando-se comigo, porque sou igual a ele tanto em origem, quanto em educação. Não há dúvida que nosso matrimônio foi um triste erro de minha parte, mas eu não podia saber que a família de meu marido, com exceção de seu irmão, iria me cobrir de desprezo; tão pouco podia prever que sua antiga amante ia atirar nele. E agora, se a senhora quer matar o seu filho e se seu amor materno é capaz de assumir essa responsabilidade, faça como achar melhor! Eu lhe cedo o meu lugar!

Com ar de desdém, sem olhar para Cleópatra Andreevna, Ksenia virou-lhe as costas e foi para a sala de visitas.

Durante um minuto, as duas mulheres ficaram imóveis, caladas e desconcertadas. Uma não esperava encontrar nora tão orgulhosa e resoluta, a outra estava estupefata com a rara beleza de Ksenia, que facilmente faria qualquer homem perder a cabeça. Para Maria Nikolaevna, agora tornara-se compreensível a decisão súbita de Ivan. Quanto a Júlia, essa simplesmente invejava tanto a aparência de Ksenia, quanto o refinado ambiente que a cercava.

Aliás, o embaraço e a indecisão das três duraram apenas alguns minutos. Cleópatra Andreevna foi a primeira a entrar majestosamente no quarto do enfermo.

A cena que acabara de acontecer teve mais uma testemunha, na qual ninguém havia reparado, que era Richard. O jovem cavalheiro estava com vontade de dormir, mas não conseguia pegar no sono. Primeiro, tentou ler uma revista, depois começou a andar pelo escritório. Uma grande tristeza o atormentava ao pensar na cunhada. Sentia uma dor indizível por ela.

"Oh! Por que foi justamente Ivan quem a encontrou e não outra pessoa qualquer que pudesse lhe dar valor? Por que não, eu mesmo?", pensava. É claro que ele iria idolatrá-la; seria extremamente feliz em ter como esposa aquela criatura inocente e encantadora, tão bondosa quanto inteligente e bonita.

Em suas divagações, Richard chegava a este pensamento perigoso quando foi interrompido por vozes altas na saleta. Instantes depois, ouviram-se passos e o farfalhar de saias de seda na sala de visitas. O que poderia ser? Seria mais uma das inúmeras amantes de Ivan, que ainda não sabia que ele se casara?

Carrancudo, Richard entreabriu a porta e ficou petrificado de surpresa, reconhecendo as três damas que, naquele instante, atravessavam a sala de jantar. O jovem as seguiu e parou no *boudoir*, escondido atrás do reposteiro. Ele ouviu toda a conversa entre a madrasta e Ksenia. O nojo e o desprezo por Cleópatra Andreevna por pouco não o obrigou a interferir na conversa, mas ele se conteve, vendo como Ksenia se defendia bem, sozinha. Mas quando a jovem mulher, pálida e com um brilho febril nos olhos, apareceu na sala de jantar, Richard aproximou-se dela rapidamente e estendeu-lhe a mão.

— Bravo, Ksenia Aleksandrovna! Admirei sua resposta à minha madrasta. Mas não fique tão nervosa! Espero que tudo se arranje, no fim das contas.

— Oh! Não torço nem um pouco por uma conciliação amigável. O meu único desejo é deixar esta casa, onde, pelo que vejo, gozo de uma honra não merecida — objetou Ksenia, tremendo de indignação.

Richard fez a moça sentar-se no sofá. Depois, foi buscar um copo de limonada e ofereceu a ela. Aconselhou-a simplesmente a desprezar as atitudes de Cleópatra Andreevna, pois era isso que elas mereciam.

Nesse meio tempo, as mulheres, todas de preto, como sombras vingadoras, ou melhor, como anjos da morte, entraram no dormitório de Ivan Fiodorovitch e se agruparam em torno da cama. Mas ele não as reconheceu e os altos soluços de sua mãe certamente lembraram-lhe a cena com Carolina Karlovna, pois começou a falar com ela, ora xingando, ora brigando, ora negando sua paternidade, misturando xingamentos com palavras de amor.

As duas damas caíram em desespero. Mas, para Júlia, o delírio de seu primo, cheio de revelações curiosas, provocava uma vontade incontrolável de rir. Além disso, o cheiro de sangue e de fenol no quarto era insuportável e ela a todo instante fechava o nariz com um lenço perfumado. Finalmente, deixou a tia e a avó falando daquela desgraça toda com a enfermeira e saiu do quarto.

Era muito mais interessante para ela saber o que fazia Ksenia na sala de visitas e onde estaria Richard, cujos cuidados com o irmão, perto de uma cunhada tão encantadora, lhe pareciam muito suspeitos.

Júlia Pavlovna, maliciosa e esperta por natureza, tinha um faro especial em relação aos assuntos amorosos. Interessava-se por tudo o que se referia a Richard particularmente.

Como não achou Ksenia na sala de visitas, entrou silenciosamente no ***boudoir*** e ali encontrou Richard. Ele estava perto de um pequeno sofá e falava algo em voz baixa. Depois, ao colocar o copo na mesa, passado para ele por Ksenia, o jovem cavalheiro segurou a mão da cunhada e levou-a a seus lábios.

"Opa! Eu estava certa! Agora entendo, caridoso Richard, o motivo de sua generosidade", pensava Júlia. "Espere só! Vou retribuir sua indiferença por mim, abrindo os olhos de Ivan. Que ele saiba a verdadeira causa de seu carinho fraterno."

Com essa idéia de vingança, ela se aproximou do sofá e falou, com empáfia:

— Boa noite, Richard! Tenha a bondade de me apresentar à sua cunhada. Não pertenço ao time de Cleópatra e ficaria feliz em conhecer Ksenia Aleksandrovna. Há tempos quis vir até aqui; esperava apenas que a tempestade familiar se amainasse.

Richard olhou para ela com uma leve surpresa. Não esperava de Júlia tanta delicadeza, nem lhe ocorreu, naquele instante, se perguntar qual poderia ser o motivo daquela atitude. Richard apenas apresentou as duas e foi ver o que se passava no quarto do doente.

Ignorando a postura fria e contida de Ksenia, Júlia Pavlovna abraçou-a sem fazer cerimônia, sentou-se ao lado dela e falou amigavelmente:

— Não leve a peito as tolas palavras de minha tia. Ela tem um caráter um tanto explosivo. Seu louco amor pelo filho é um verdadeiro Affenliebe,[1] como

1 Affenliebe - Em alemão, no original, quer dizer: amor alucinado.

dizem os alemães, o que o prejudicou mais do que o beneficiou.

Sem receber resposta nenhuma, Júlia Pavlovna, em seguida, mudou de assunto e com a mesma falta de cerimônia disse:

— Que triste e suja história esse atentado contra Ivan! Eu entendo perfeitamente seus sentimentos, Ksenia Aleksandrovna, em relação a tal ofensa. Oh! Esses homens e a vida matrimonial!... Quantas surpresas desagradáveis nos preparam!

Júlia Pavlovna suspirou e olhou para o céu:

— Eu também poderia lhe contar muito daquilo que sofri. Sem dúvida, o ser humano, com o tempo, se acostuma a tudo. Mas sei como são dolorosas e amargas as primeiras decepções.

Ksenia olhou-a assombrada. Parecia que sua elegante interlocutora não era capaz de sentir nem uma profunda aflição nem uma verdadeira afeição. Tudo nela revelava frivolidade: seu olhar ousado e atento a tudo, seu sorriso provocante e desprendido, as maneiras coquetes de uma gata e as roupas sofisticadas. No entanto, para responder qualquer coisa, Ksenia disse:

— Posso lhe assegurar que se eu soubesse quanto ódio e desprezo me esperavam aqui, nunca me casaria com Ivan Fiodorovitch. Realmente, tomei uma taça de decepção até a última gota.

As palavras da jovem mulher soaram tão tristes e cheias de verdadeiro desgosto que Júlia Pavlovna ficou pasma.

"Será que ela é tola a ponto de levar a sério as bonitas frases de nosso querido Ivan e sonhar com algum idílio com ele? Mas onde teria sido criada essa bobona para ser tão... ingênua?", pensou.

— Peço-lhe, Ksenia Aleksandrovna, que me

chame apenas de Júlia, e permita-me que também lhe chame simplesmente pelo nome. Entre parentas tão próximas quanto nós, as formalidades demasiadas seriam ridículas.

— Com prazer, se assim deseja! — respondeu Ksenia com uma leve irreverência.

Depois, para mudar de assunto, ela acrescentou:

— Posso lhe oferecer uma xícara de chá?

— Oh! Sim, aceito de bom grado. A noite está tão fria...

Entrando no quarto do doente, Richard encontrou a madrasta conversando com a enfermeira que, certamente, a tranquilizou quanto ao estado de Ivan, pois ela não estava mais chorando. Alguns minutos depois, Cleópatra Andreevna levou a enfermeira ao quarto contíguo. Aproveitando a ocasião, Richard pegou uma cadeira e sentou-se ao lado de Maria Nikolaevna, que estava numa poltrona aos pés da cama e com ar desgostoso olhava para o neto.

— Querida avó, apelo à sua sensatez e ao seu tato — disse ele. — Espero que não se recuse a reparar a injustiça e a atitude grosseira de mamãe e conheça a mulher de Ivan, proporcionando-lhe o respeito que ela merece. Ksenia Aleksandrovna é digna de toda a nossa estima. Sua única culpa foi de ter-se apaixonado e se casado com Ivan. Mas como ela podia suspeitar que ele agia exclusivamente sob a influência de um capricho insensato? Para uma moça de dezoito anos, esse erro é totalmente perdoável. Já para Ivan, não há justificativa. Ele é leviano a tal ponto que nem se preocupou em dar fim a suas sujas "intrigas amorosas" antes do casamento e trouxe a esposa para cá sem ter a certeza de que podia lhe oferecer um abrigo decente. Isso não se faz! Um homem de vinte e sete anos já é responsável pelos seus atos e, se eu o ajudei nesse caso, foi exclusivamente por sentimento de pena para com uma mulher inocente que ficou arrasada pela recepção que lhe prepararam. Você mesma, vó, reconhece que a retirada dos móveis foi uma mesquinharia vil.

— Não nego isso e não justifico Cleópatra! Mas você mesmo sabe como ela é insensata quando está zangada. Quanto a Ksenia Aleksandrovna, ela é realmente muito bonita. Nenhum inimigo pode negar isso e entendo perfeitamente que a beleza de Ivan a tenha deslumbrado, fazendo-a perder a cabeça. É completamente natural também que, ela não tenha resistido nem recusado um partido tão brilhante. Talvez tenha sido influenciada por seu tutor, que queria se livrar dela. Eu, pessoalmente, não tenho nada contra Ksenia Aleksandrovna e não a condeno por ter ficado cega pelo amor. A culpa é de Ivan, por ter contraído o matrimônio sem pedir conselho a ninguém. Já minha filha, perdeu a cabeça porque o golpe foi muito inesperado.

— Já que a senhora está sendo tão razoável e está disposta a um relacionamento pacífico, permita-me conduzi-la até minha cunhada.

Richard deu a mão a Maria Nikolaevna. Embora com um ar amuado ainda, ela permitiu ser conduzida até a sala de jantar, onde Júlia e Ksenia acabavam de se sentar à mesa. Ksenia, agitada com aquela surpresa pouco agradável, colocou na mesa a xícara que pretendia encher e se levantou quando Richard chegou perto e disse amigavelmente:

— Vamos esquecer todas as desavenças! Estamos todos ligados por laços comuns: o amor a Ivan.

Maria Nikolaevna abraçou Ksenia gentilmente, expressou-lhe o seu pesar pelo acidente e pelos desentendimentos acontecidos e aceitou cortesmente uma xícara de chá que ela lhe ofereceu.

Muito contente pelo fato de os dois dragões da família estarem sentados pacificamente à mesa, Richard resolveu vencer o terceiro e mais terrível com argumentos irrefutáveis. Então, pediu a Ksenia que lhe servisse um copo de chá e foi de novo ao quarto do irmão.

Cleópatra Andreevna e a enfermeira ainda estavam no quarto contíguo, de onde claramente se ouvia a conversa em voz alta.

— Dona Eufrásia, o doente está pedindo água! — disse Richard, entrando no quarto.

A enfermeira correu para ver Ivan e quando Cleópatra Andreevna quis segui-la, Richard segurou-a e trancou a porta.

— Deixe-o, mamãe! Sua presença apenas emociona o ferido e agrava seu estado febril. O doutor me garantiu que não há nenhum perigo e que dentro de duas ou, no máximo, três semanas Ivan estará completamente recuperado.

— Eu sei. Dona Eufrásia me disse isso. Mas você não está pensando, espero, que eu largue meu filho sem vê-lo.

— Não. Mas se a senhora pretende ficar aqui e, tão abertamente ignorar a esposa de Ivan, considero isso inconveniente.

— Você quer me ensinar como devo me comportar? Isso já é demais!

— Nem um pouco. Apenas queria conversar com a senhora sobre o assunto e lembrar-lhe que há limites para tudo. Ninguém está obrigando-a a amar Ksenia Aleksandrovna. Mas a senhora deve ser cortês com a moça e, por respeito ao seu filho, manter o bom-tom, pelo menos aparentemente. Peço-lhe que ponha um fim imediatamente nesse escândalo familiar.

— Ela, é que é a culpada e deve se esforçar para pôr fim ao escândalo. Ou você quer dizer que eu é quem devo me desculpar, depois de todas as insolências com as quais ela acabou de me regalar?

As faces de Cleópatra Andreevna coraram, os olhos se inflamaram e a voz começou de novo a soar estridente como um trompete. Mas Richard não ficou nem um pouco preocupado com esses presságios de tempestade.

— Eu não quero nada! Apenas espero que o seu tato lhe ajude a achar uma saída para essa situação ridícula — respondeu ele, com calma. — Aliás, não tenho o direito de lhe impor nada. Só que para mim já chega dessas histórias todas! Elas me cansaram. Se isso não tiver fim, não vou querer saber de mais nada. Pego minhas férias, que ainda não aproveitei durante o verão, vou para o exterior e vocês e Ivan que se arranjem como quiserem.

Cleópatra Andreevna nem soube esconder o quanto a perturbou a última frase de seu enteado. "Como quiserem" significava que as despesas com o tratamento de Ivan, com a amante exigente e muitas outras que Richard pagava de seu bolso cairiam sobre ela. E tal possibilidade não lhe agradava nem um pouco.

Além disso, ela chegou à conclusão que se Richard defendia com tanto fervor os interesses da cunhada, era porque os lindos olhos dela desempenhavam algum papel nisso. Quem sabe, com o tempo, esse interesse pela mulher do irmão não lhe serviria de arma contra ele próprio e, num momento oportuno, lhe permitiria arrancar dele o máximo possível?

O resultado desses pensamentos foi que Cleópatra Andreevna abafou sua ira e respondeu, fingindo suspirar:

— Você sabe, meu filho, como sou amante da paz e como odeio brigas! Mas desta vez fiquei terrivelmente ofendida e duplamente ultrajada: primeiramente porque Ivan me afastou desse assunto tão importante. Em segundo lugar, porque eu o considerava vítima de uma hábil coquete. Mas agora começo a me convencer que Ivan se casou com essa bobona por estar aborrecido com Nikiforova. É muito natural que Ksenia tenha se apaixonado por um homem tão sedutor como Ivan.

No fundo, Richard achava que era pouco provável alguém ter se casado com uma criatura tão encantadora quanto Ksenia por estar apenas enfadado com outra mulher. Mas, em voz alta, respondeu:

— Admiro sua perspicácia, mamãe, e seu profundo conhecimento do caráter de Ivan! Mas já que reconhece o envolvimento amoroso de Ksenia Aleksandrovna, e não um interesse material, deve fazer as pazes com ela. Deixe seu coração falar livremente!

— Se estou cedendo é apenas para lhe agradar, minha querida criança, e para lhe agradecer por seu amor a Ivan — respondeu suavemente Cleópatra Andreevna.

Sufocando a fúria interna, ela permitiu ser levada à sala de jantar. Depois de algumas palavras pacificadoras de Richard, foi estabelecido um acordo de paz oficial entre Cleópatra Andreevna e Ksenia Aleksandrovna. Entabulou-se uma conversa generalizada sobre o estado do incomparável Ivan, mas nenhuma palavra foi dita sobre a causa daquela tragédia.

Eram quase sete horas da manhã quando as visitas deixaram a ilha de Krestovski. Richard as acompanhou e, quando voltou para o *boudoir*, persignou-se e exclamou aliviado:

— Ufa!... Graças a Deus foram embora os pesadelos de minha vida!

— Infelizmente esses pesadelos vão voltar e acabarão com o meu sossego — respondeu Ksenia em tom deprimido.

Richard tentou explicar que a conciliação fora necessária, mas, vendo o estado de sua cunhada, convenceu-a a deitar-se e dormir, prometendo ficar com o doente.

Capítulo 6

A recuperação de Ivan Fiodorovitch progredia rapidamente. No sexto dia, seu estado tinha melhorado tanto que Richard considerou desnecessário permanecer na ilha de Krestovski e, então, retornou para casa, limitando-se apenas a visitar o irmão à noite. Ksenia lamentou sua partida. A presença do cunhado representava para ela uma espécie de proteção, que permitia renascer a calma e a confiança em sua alma machucada. Ela estava tão grata a ele que não encontrava palavras para expressar o seu reconhecimento. A jovem mulher não entendia o quanto era perigoso aquele sentimento de gratidão que havia criado em torno de Richard uma aura de fascínio. Sem se dar conta, sempre recorria ao cunhado, pois nele encontrava ajuda, conselho e compreensão.

Mais do que tudo, Ivan Fiodorovitch odiava sentir-se obrigado a ficar em casa, onde nada lhe apetecia. Tudo que o divertia estava na rua. Já que resolvera, então, não trazer para casa seu pequeno mundo, esperava febrilmente melhorar o quanto antes e amaldiçoava a lentidão com a qual saravam suas feridas.

Quando o médico finalmente permitiu que Ivan Fiodorovitch saísse de casa, ele voou como um balão preso por uma corda que fora cortada. Tinha pressa de recuperar o tempo perdido e de experimentar todos os prazeres dos quais fora privado por tanto tempo; ansiava por ver os amigos e, principalmente, as amiguinhas, separadas dele por aquela maldita doença.

Ivan Fiodorovitch adorava ligações secretas; tinha necessidade de ser lisonjeado por mulheres libertinas que, por sua vez, procuravam nele as delícias da paixão. Ele havia-se enrolado tanto em seus casos amorosos, que estes tomavam todo o seu tempo. Então, aparecia em casa como um meteoro.

Nessa época, ele se envolveu em mais uma história amorosa tão intrigante que quase se esqueceu de Ksenia, pela qual sentia uma indiferença cada dia maior.

❁ ❁ ❁

Stanislav Vitoldovitch Dorobkovitch era um financista rico, de origem polonesa, e tinha um passado obscuro. Apareceu no alto mundo dos valores e especulava na Bolsa com uma sorte tão surpreendente que logo conseguiu um destaque brilhante. Não era segredo para ninguém que ele era um homem de meios inescrupulosos.

Sua esposa, Sofia Borissovna contribuiu muito para esse seu sucesso na sociedade. Russa de nascimento, ela pertencia a uma família respeitável; não era feia nem pobre. Graças à amplitude de suas relações, aos seus parentes e à sua própria esperteza, soube posicionar bem o marido, introduzindo-o na alta sociedade e criando em sua casa um salão hospitaleiro e elegante, onde se reunia um grupo de pessoas numeroso e diversificado.

Por suas qualidades humanas, marido e mulher se

mereciam. Stanislav Vitoldovitch orgulhava-se muito de sua fortuna, e como todo oportunista procurava sempre evidenciá-la. Além disso, era libertino e adorava mulheres, apesar de sua idade avançada. Sofia Borissovna também era libertina e ainda mais descarada que o marido. Naquela família, bem ao estilo moderno, Ivan Fiodorovitch fora recebido como o mais íntimo dos amigos. Ele frequentava restaurantes e fazia visitas a ciganas e atrizes acompanhado por Stanislav Vitoldovitch, que o considerava seu companheiro mais agradável.

Já com Sofia Borissovna, Ivan Fiodorovitch tinha relações ainda mais íntimas. Como a senhora Dorobkovitch não podia deixar de se apaixonar por um jovem tão bonito, evidentemente Ivan tornou-se seu amante. Ela o recomendava às amigas como um homem tão discreto quanto bonito, mas continuava seu bom relacionamento com ele.

O casamento de Ivan Fiodorovitch não mudou nem um pouco tal situação e a primeira visita depois de sua recuperação foi feita à amável Sofia Borissovna Dorobkovitch. Ela o obrigou a contar a verdade sobre suas feridas, censurou-o amistosamente e o convidou a almoçar para comemorar sua recuperação.

Numa das reuniões na casa dos Dorobkovitch, Ivan Fiodorovitch reencontrou Anna Mikhailovna Nikiforova, agora princesa Adchinadze, que já tinha grande amizade com Sofia Borissovna. Esta percebeu rapidamente que sua nova amiga estava interessadíssima em Ivan.

O encontro com Ivan Fiodorovitch despertou nela toda a mágoa provocada pelo casamento do ex-noivo e foi, então, dominada por um desejo ardente de tê-lo como amante, custasse o que custasse. Ele a atraía mais do que nunca. Nikiforova ficou sabendo a verdadeira causa da doença do jovem por Sofia Borissovna. Aquelas histórias sujas, ao invés de rebaixá-lo aos olhos daquela mulher frívola e perversa, criaram em torno dele uma aura romântica.

No entanto, apesar de todos os esforços e da generosa ajuda de Sofia Borissovna, as aspirações de Anna Nikiforova não se realizavam, pois Ivan Fiodorovitch continuava fazendo o papel de um homem cruel e insensível. Já o príncipe, por sua vez, se divertia com a falta de sucesso de sua mulher e contribuía para isso como podia, criando empecilhos.

Assim permaneceu por algumas semanas, quando, de repente, um acaso mudou totalmente a situação. Um primo do príncipe, um homem muitíssimo rico, morreu inesperadamente num acidente durante uma caçada e verificou-se que o marido de Anna Mikhailovna era seu único herdeiro.

O príncipe Gregori Davidovitch nunca tivera a esperança de receber aquela enorme herança, pois seu primo era um homem jovem, saudável e pretendia se casar. Aquela súbita felicidade o surpreendeu e ele, então, resolveu ir a Tiflis[1] para cumprir as formalidades e conhecer os seus novos bens.

Por um instante, ele teve vontade de levar consigo a esposa, mas logo em seguida desistiu da idéia.

Graças aos esforços incansáveis de Sofia Borissovna, que sempre arranjava as situações mais sedutoras para o encontro de sua amiga com o homem desejado, Ivan Fiodorovitch foi vencido e se tornou amante daquela que não o quis como marido.

Os Dorobkovitch fizeram de tudo para manter as

1 Tiflis (ou Tbilisi) - Capital da República da Geórgia, no sudoeste da Ásia.

aparências. Os encontros aconteciam na casa de Sofia Borissovna que, com ternura maternal, protegia aquela ligação. Além disso, ela aparecia abertamente com Nikiforova nas festas, nos teatros e nos piqueniques e, sempre que as circunstâncias exigiam, Stanislav Vitoldovitch as acompanhava.

Enquanto Ivan Fiodorovitch divertia-se desse modo, esquecendo-se que estava casado, Ksenia continuava sua vida solitária na pequena casa na ilha de Krestovski.

Chegou o inverno. A neve branca que cobria as casas, as ruas vazias e as árvores desfolhadas dava a toda a redondeza um ar muito triste e deserto. Somente Richard trazia alegria e diversão à vida monótona da cunhada. Ele era visita frequente na ilha de Krestovski e nunca se entediava com a companhia melancólica da moça. Levava livros para ela, tocava piano a quatro mãos e a cada semana a presenteava com bilhetes para o teatro. Como Ivan Fiodorovitch nunca tinha tempo de ir com a esposa, Richard acompanhava Ksenia cortesmente.

Naquela ocasião, a jovem mulher conheceu uma pessoa que foi um verdadeiro "achado" em sua vida. Numa casa vizinha vivia um casal alemão, simples mas de excelente conduta. Eram pessoas boas. Há tempos eles notaram o caráter e o modo de vida de Ivan Fiodorovitch e sentiam pena de sua jovem esposa.

Um dia, enquanto ela passeava, Charlota Ivanovna aproximou-se dela, dizendo que era sua vizinha, e entabulou uma conversa amigável. Depois do passeio, a senhora Rieza conheceu a casa de Ksenia e, por sua vez, convidou-a para tomar chá em sua casa.

As duas mulheres logo se tornaram amigas. Ksenia sentia-se muito bem na companhia daquele casal de idosos que se amavam como recém-casados e eram muito felizes, apesar da condição modesta e dos meios limitados.

Karl Robertovitch servia num banco e sua mulher dava aulas de alemão e de música há muito tempo. Graças à economia severa, eles conseguiram juntar uma certa soma e compraram a casinha na ilha de Krestovski, onde estavam morando atualmente. Charlota Ivanovna, muito ativa, tinha uma pequena granja com três vacas e um grande galinheiro. Durante o verão, ela fornecia leite, ovos e frango para toda a vizinhança.

Ksenia muito rapidamente tornou-se o mimo de seus vizinhos. Para Charlota Ivanovna ela levava desenhos de tricô e de bordado e para Karl Robertovitch, cigarros caros. O velho alemão gostava muito de cigarros e não poupava dinheiro comprando-os. Para Ksenia, o presente não custava nada porque Ivan Fiodorovitch sempre tinha centenas deles, a maioria recebida como presente de Richard.

No começo de dezembro, Ksenia começou a se sentir mal e passou a ficar muito nervosa. No início, atribuía isso às preocupações que a atormentavam e aos acontecimentos desagradáveis, como a constante falta de dinheiro. Ivan Fiodorovitch dava tão pouco para as despesas que ela era obrigada a contrair dívidas nas vendas, o que tirava o seu sossego. Porém, ao invés de melhorar, sua saúde piorava e Charlota e Richard fizeram-na procurar um médico. O diagnóstico confirmou a suspeita dos dois de que Ksenia grávida.

Ivan Fiodorovitch não ficou lá muito contente com a notícia.

"Era só o que me faltava! Uma criança vai aumentar bastante os meus gastos. Ah! Que idéia maldita eu tive de me casar".

É lógico que ele não expressava seus verdadeiros sentimentos em voz alta. Mas apesar de sua fingida ternura e das manifestações hipócritas de alegria, Ksenia instintivamente percebia sua frieza, e seu coração apertava-se dolorosamente.

Richard procurava levantar o estado moral da moça. Ele falava da felicidade que traria aquela criança — o anjo com o qual Deus a agraciara para dar plenitude e finalidade à sua vida.

No Natal, entre outros presentes, Richard levou para a cunhada um lindo berço revestido de cetim e renda. O presente, por mais inocente que fosse, provocou em Júlia Pavlovna uma louca inveja. Depois da visita à casa de campo, ela contou a Maria Nikolaevna os detalhes da noite festiva e enumerou todos os presentes ganhos por Ksenia, acrescentando causticamente:

— Admirando esse maravilhoso berço, que deve ter custado pelo menos duzentos ou trezentos rublos, não pude deixar de lembrar da cesta na qual dormia minha pobre Anastácia. Para infelicidade de minha filha, não sou tão esperta quanto Ksenia Aleksandrovna e não soube arranjar para mim um protetor rico.

A avó apenas balançou a cabeça sem responder nada. Ela era uma grande diplomata e, apesar de sua simpatia por Júlia, não queria saber de fofocas. Mas Júlia Pavlovna não era capaz de ficar calada quando a ira a atormentava, e a lembrança da cesta que serviu de berço para sua filha a revoltava como uma ofensa pessoal.

No dia seguinte, Ivan Fiodorovitch foi tomar café com a mãe. Júlia, ainda repleta de maus sentimentos provocados pela atenção de Richard à cunhada, estava amuada, porém não disse uma palavra. Mas, de repente, na gravata de Ivan Fiodorovitch ela viu um luxuoso alfinete adornado com uma pérola grande. Uma faísca de maldade surgiu em seus olhos:

— Que chique você está hoje, Ivan! Eu nunca tinha visto antes esse alfinete tão lindo e essas abotoaduras com iniciais de diamantes. Logo se vê que você não precisa mais contar dinheiro como antes, pois Richard agora é o anjo da guarda do seu lar.

— O que você quer dizer com isso? — perguntou Ivan Fiodorovitch, lançando um olhar descontente para Júlia.

— Meu Deus! É tudo tão simples! Você teve sorte. Richard está apaixonado por sua mulher. E, graças a isso, a manutenção de sua casa não lhe custa nada. Além do mais, seus bolsos estão sempre cheios de dinheiro — retrucou Júlia, sem nenhum embaraço.

Ivan Fiodorovitch franziu as sobrancelhas. Um rubor cobriu o seu rosto.

— Peço-lhe que me poupe de ofensas desse tipo, insinuadas pelo seu ciúme e por sua inveja mesquinha — protestou ele em tom severo. — Você quer, de qualquer jeito, justificar a frieza com a qual Richard lhe trata e não teria nada contra sua generosidade se as flores, os bombons e todos os presentes fossem destinados a você, e não à minha mulher. Richard sempre me ajudou como bom irmão. Se sua ajuda é maior agora, é porque ele entende o quanto a minha vida se tornou dispendiosa e minhas obrigações, mais pesadas. Ele é movido apenas por amor fraterno e por amizade a Ksenia. E sabe muito bem que minha mulher me ama loucamente.

Júlia riu com ironia.

— É verdade? Você tem certeza de que Ksenia continua tão apaixonada por você? Eu acho que ela está encantada por Richard, não menos do que por você. Em todo caso, ela tem mais oportunidade de admirá-lo, pois você nunca está em casa. Os cuidados, a atenção, os presentes, tudo vem de Richard. Talvez ele faça tudo isso em seu nome. Mas que importância tem, se ela sabe muito bem que você não pretende mimá-la com atenção e delicadeza — observou Júlia, jogando mais veneno em suas palavras.

— Tenha a bondade! Trate de sua própria vida e não se meta na minha! Eu abomino quaisquer alusões maldosas a respeito do meu relacionamento com meu irmão e com minha mulher. Mas tome cuidado para não tocar na minha honra com sua língua ferina! Caso contrário, pagará caro por sua ousadia.

O jovem cavalheiro se levantou, empurrou o prato e saiu sem se despedir de ninguém.

Ivan Fiodorovitch estava furioso. Ele detestava menções ofensivas e mal-intencionadas à sua honra. E mais desagradável para ele era pensar que podiam estar falando por aí que ele permitia o amor do irmão por sua mulher. Mesmo que isso fosse verdade, ninguém deveria sequer ousar suspeitar. Ao mesmo tempo, ele conhecia perfeitamente Júlia e tinha certeza de que ela iria espalhar aquela fofoca insolente por toda parte.

Ivan Fiodorovitch era bastante observador e não podia deixar de notar que Ksenia interessava muito ao seu irmão, e que ele fazia tudo para cercá-la de conforto e livrá-la de todo o tipo de preocupação.

Agora, bastava ele tocar no assunto das despesas e no fardo pesado que tinha nas costas que a carteira de Richard se abria para recompensar todos os supostos gastos.

Sim, Richard amava Ksenia, não havia dúvida! Finalmente o irmão, beneficiado pela fortuna que ele sempre invejou e odiou, também o invejava. Ivan possuía um tesouro que Richard não podia lhe tomar, já que Ksenia não correspondia aos seus sentimentos. Ele não admitia a idéia de que a jovem mulher pudesse preferir Richard a ele e considerava isso absolutamente impossível.

Ivan Fiodorovitch se divertia ironicamente com o amor do irmão, que colocou nas mãos dele uma arma para torturar e ferir o próprio Richard, mantendo, ao mesmo tempo, o melhor dos relacionamentos com ele. Só de pensar que Júlia, com sua língua maldita, poderia privá-lo daquela situação vantajosa, provocava nele verdadeira cólera.

❁ ❁ ❁

Passaram-se algumas semanas sem acontecer nada de especial na vida de nossos personagens. Mas, pouco a pouco, começaram a circular boatos ofensivos a respeito de Richard e Ksenia. As fofocas, obviamente, partiam de Júlia Pavlovna, que espalhava por toda a parte que Richard estava tendo um caso com a cunhada. Júlia agia assim não apenas por raiva do homem que a desprezara, mas também pela vontade de se vingar de Ivan Fiodorovitch por sua resposta ríspida e pelos sermões que recebera das duas senhoras depois da saída brusca do primo.

Era começo de fevereiro. Ksenia estava só em seu ***boudoir***, chorando amargamente. As lágrimas e as inquietações eram visitas frequentes àquele quarto pequeno, tão refinado e confortável. Na realidade, a jovem mulher lutava contra a necessidade. Às vezes, faltava-lhe dinheiro para manter a economia doméstica com aquele orçamento magro que o marido lhe impunha. Ivan Fiodorovitch nunca perguntava se ela tinha o suficiente, mas sempre exigia bons almoços e era muito caprichoso.

Os quinhentos rublos que o pai lhe dera, ela já havia gasto há muito tempo, pois nunca havia usado o dinheiro de Ivan Fiodorovitch para suas necessidades pessoais.

Num dia, a jovem mulher estava muito nervosa e aflita porque tivera uma cena desagradável com um usurário embriagado que lhe exigia o pagamento de maneira muito grosseira.

Ksenia se sufocava de vergonha e ira. Estava a tal ponto absorta em seus pensamentos que não ouviu Richard chegar. Só percebeu quando ele exclamou:

— Está chorando, Ksenia Aleksandrovna? O que aconteceu?

A jovem mulher corou e, confusa, ergueu-se. Ela, escrupulosamente, escondia do cunhado as dificuldades por que passava e, como ultimamente ele não aparecia com tanta frequência, não o esperava justamente naquele dia.

Ksenia tentou sorrir e recuperar sua calma em vão; seus nervos estavam abalados demais. Ela caiu no sofá, escondeu o rosto na almofada e se desfez em prantos.

Richard sentou-se ao lado dela, tentando tranquilizá-la, dizendo que em sua condição aquela agitação era muito prejudicial.

— Ah! Se eu morrer, tanto melhor! Para mim basta desta vida maldita! Basta deste mar de mentiras, de humilhações e da miséria na qual eu me afogo. Eu, como uma cega, por vontade própria, coloquei esta corda no meu próprio pescoço e, então, Deus me abandonou, deixando-me padecer — gritou ela, fora de si.

Porém, a todas as perguntas de Richard ela respondia com silêncio obstinado e cedeu apenas quando ele se zangou e a censurou pela falta de confiança. Então, suas faces começaram a arder e seu corpo a tremer febrilmente, ao contar sobre suas pequenas necessidades e sobre a vergonha que sentia por ser devedora constante dos empregados e dos vendedores.

Quando, durante aquele relato, Richard soube da cena humilhante daquele dia, um forte rubor se espalhou pelo seu rosto:

— Por que não me disse nada antes? — perguntou ele, irritado. — Eu teria posto fim a essa situação indigna há muito tempo. Agora, eu lhe entrego uma soma que a livrará por muito tempo de qualquer preocupação.

Ksenia balançou a cabeça.

— Agradeço-lhe, Richard! Sei que é o mais generoso dos homens. Mas, aceitar de você esse dinheiro sem Ivan saber, eu não posso.

Mas, como o jovem cavalheiro insistia, Ksenia, evitando olhá-lo nos olhos, acrescentou:

— Não posso! Pense só no que vão falar por aí. Já sem isso, nossa amizade é interpretada da maneira mais indecente e enlameiam aquelas horas que você passa em minha companhia!...

Richard ficou carrancudo e pálido.

— Essa fofoca sórdida já chegou aos seus ouvidos? Nós temos de desprezá-la! Ninguém vai saber que eu lhe ajudei com essas ninharias.

Mas Ksenia permaneceu inabalável e, apesar de todos os pedidos, se recusou categoricamente a aceitar o dinheiro.

— Será que não entende a humilhação que representa para mim esse pedido, já que ele é resultado do tratamento indecoroso do homem com quem me casei? Não, não insista! Prefiro morrer de fome.

Triste e abalado, Richard despediu-se da cunhada e foi direto ao Ministério onde trabalhava o irmão. Encontrou Ivan Fiodorovitch de péssimo humor. Na véspera, jogando cartas, ele perdera uma grande soma e agora não sabia como tapar a brecha que surgira em seu orçamento. Richard estava tão aflito que nem reparou no ar amuado do irmão.

— Escute, Ivan! Você age de maneira extremamente inconveniente — disse ele, logo que ficaram a sós. — Por que, em vez de de submeter sua esposa a privações, você não se dirige a mim? Deve saber que em momentos difíceis minha carteira está sempre aberta para você.

— Sim, desde que me casei sua carteira está aberta. Antes não era tão generoso — objetou Ivan Fiodorovitch, olhando com raiva para o irmão.

Richard deu um passo para trás, medindo o irmão com olhar de desprezo.

— Você tem coragem de repetir na minha frente essa fofoca baixa, inventada por Júlia Pavlovna? E ainda mais depois de seu comportamento vergonhoso em relação à sua pobre esposa, a quem você prendeu para fazê-la a mais infeliz das mulheres?

— Oh! Mas ela tem um protetor que lhe dará todos os bens que quiser!

— Verdade? E você lhe permite isso? Para se desfazer dela quer empurrá-la ao adultério? Existem meios mais simples de se livrar de uma mulher da qual se cansou. Divorcie-se de Ksenia Aleksandrovna! Eu lhe darei o dinheiro necessário para isso.

Ivan Fiodorovitch ficou vermelho.

— Aprecio muito seu conselho, mas não tenho a

menor intenção de me separar de minha mulher. Que motivos eu tenho para me divorciar, depois de quatro meses de uma vida em comum? Você não pode negar que está apaixonado por minha mulher. E é exatamente essa sua corte que impede que se estabeleça um bom relacionamento entre nós. Sempre, em tudo, ela conta com você. Realmente, basta ela querer alguma coisa que tudo se realiza como num passe de mágica. E como eu não tenho dinheiro para ser tão generoso, ela acaba me considerando um Harpagon.[2]

Richard entendeu que o irmão havia sido influenciado por sua família e seu coração encheu-se de repugnância.

— Você foi duplamente injusto — respondeu Richard. — Ainda hoje sua mulher recusou uma ajuda em dinheiro que lhe ofereci para aumentar o orçamento tão econômico que você estabeleceu.

— Não posso roubar ou pedir esmola para lhe dar mais. Casando-me com ela, eu a preveni de minhas limitações financeiras e ela deve aprender a contar somente com aquilo que nós podemos gastar.

— Está bem! Não vou insistir. Só que devo avisá-lo que essa calúnia imunda sobre nós chegou aos ouvidos de Ksenia Aleksandrovna.

— Só faltava essa! Pelo amor de Deus, querido Richard. Não pense que dou importância aos boatos maldosos de Júlia e dos amigos dela. Perdoe a minha exacerbação! Você mesmo deve entender como é doloroso ouvir ofensas à minha honra. Para acabar com isso, você poderia viajar para o exterior por três ou quatro meses. Até sua volta, todas essas bobagens já estarão esquecidas.

---

2 Harpagon - Personagem principal da peça de Molière (1622-1673) *L'avare* (O Avarento).

Richard nada respondeu e foi embora, despedindo-se do irmão apenas com um leve aceno de cabeça.

Ao voltar para casa, Richard se trancou em seu escritório e se pôs a pensar. Ele fazia parte de um grupo de pessoas sérias, sensatas e contidas, com sentimentos profundos e estáveis. Na juventude, ele tivera alguns casos passageiros, mas decepcionara-se logo e perdeu o interesse pelas mulheres.

Richard não era asceta, mas levava uma vida moderada e prudente. Essa moderação é que desfazia todos os planos matrimoniais das mulheres ou tentativas de tê-lo como um amante rico.

Ksenia conquistou-o desde o primeiro encontro. Só que o amor de Richard se escondia sob a máscara de simpatia e amizade. Mas quando o jovem percebeu que o hóspede traiçoeiro havia penetrado em seu coração já era tarde demais para lutar contra ele.

Richard lamentava amargamente ter encontrado tão tarde a única mulher que conquistara seu coração, mas não podia se negar a ajudá-la em suas necessidades e, na medida do possível, alegrar sua triste existência.

Os últimos acontecimentos, e principalmente a conversa com o irmão, abriram-lhe os olhos e o obrigaram a achar alguma solução para pôr fim àquela situação dúbia.

Antes de tudo, ele verificou seus próprios sentimentos: sim, ele amava Ksenia com paixão! Tinha base para supor que a moça, mesmo inconscientemente, sentia por ele algo mais do que uma simples amizade. Mas a que poderia levar tudo isso? Que Ivan nunca daria liberdade a sua mulher não se podia duvidar nem por um minuto. Ele não o faria só para que Richard não pudesse ser feliz com ela. Nesse sentido, Richard conhecia muito bem o caráter do irmão. É claro que podia prescindir da permissão de Ivan para ser feliz sem seu conhecimento. Mas a idéia de envolver com adultério aquela criatura pura e inocente, a quem ele amava, era contrária à alma honesta de Richard. Além do mais, ele receava submeter Ksenia a uma grosseira raiva do marido ultrajado, contra o qual ele não teria como defendê-la.

Realmente, o melhor seria viajar. Permanecer ali significaria, cada vez mais, mergulhar numa paixão sem esperanças, comprometer e expor Ksenia ao ciúme doentio de Ivan e, com sua presença, impedi-la de aceitar seu destino. E, quem sabe, depois de sua partida, não surgiria entre marido e mulher um relacionamento mais caloroso e terno, impedido por sua presença naquele momento.

Depois de uma pesada luta interna, finalmente tomou uma decisão. Richard Fiodorovitch era uma pessoa firme e enérgica, que costumava realizar suas decisões sem demora. Então, já no dia seguinte ele começou a preparar sua viagem.

Capítulo 7

Passaram-se três semanas. Ksenia estava sozinha em casa. Deitada no sofá do *boudoir* ela se entregou a pensamentos tristes e, de vez em quando, enxugava as lágrimas que corriam de seus longos cílios. A jovem mulher sentia-se terrivelmente solitária e infeliz. Ivan Fiodorovitch, definitivamente envolvido com a princesa, estava sempre ausente. Richard também não aparecia. Ele escrevera-lhe contando que assuntos inadiáveis o obrigaram a viajar para a cidade de Volin e, desde então, ela não tivera mais notícias. Nem sabia se ele já havia voltado.

Quando perguntou sobre Richard a Ivan, ele a mediu com um olhar severo e desconfiado. Depois, respondeu ironicamente que ouvira falar que Richard fora para Volin se casar com uma polonesa rica, cujas terras faziam fronteira com a propriedade dele.

— Dizem que esse matrimônio já estava combinado há muito tempo, mas Richard, habitualmente reservado, não disse nada a ninguém e o escondeu até de você.

A partir desse dia, uma apatia soturna tomou conta de Ksenia e até as recordações de Richard tornaram-se dolorosas para ela.

Determinada noite, Ksenia estava mais nervosa do que de costume. De repente, o toque alto da campainha na porta de entrada a fez estremecer e empalidecer. Como Ivan Fiodorovitch estava numa festa e provavelmente voltaria de madrugada, então, só poderia ser Richard.

Realmente, um minuto depois, na sala de jantar apareceu Richard. À primeira vista, Ksenia percebeu que ele estava muito emocionado e preocupado.

Quando o jovem cavalheiro a cumprimentou, beijando-lhe a mão, ela perguntou em voz baixa e indecisa:

— Posso lhe dar os parabéns?

— Parabéns por quê? — perguntou Richard, surpreso.

— Ivan me disse que você está para se casar.

— Verdade? Nesse caso, ele sabe mais do que eu. Provavelmente eu devo esse casamento a Júlia Pavlovna. Mas deixemos essas bobagens de lado. Vamos ao seu ***boudoir***, preciso conversar com você sobre assuntos importantes.

No ***boudoir***, calados, eles se sentaram no sofá.

Ksenia sentiu uma estranha aflição e Richard não conseguia dominar a emoção que lhe impedia de falar. O olhar triste e inquieto dirigido a ele causava em Richard uma dor quase física. Ele estava ali para contar a Ksenia que viajaria por muito tempo, talvez até para sempre, pois ninguém podia prever se ele realmente voltaria de uma viagem tão longa e cheia de perigos.

Finalmente tomou a decisão. Pegou as duas mãos de Ksenia e apertou-as contra os seus lábios.

— Vim para me despedir de você, Ksenia Aleksandrovna.

— Você vai embora? Por quanto tempo? — balbuciou Ksenia.

— Por alguns anos. Vou viajar com um arqueólogo amigo meu que quer visitar o Egito, a Índia e talvez o Tibete.

Um grito surdo de Ksenia interrompeu Richard. A jovem mulher ficou terrivelmente pálida e se recostou. Em seu rosto percebia-se um desespero tão profundo que Richard ficou indeciso por um minuto. Mas logo ele dominou a fraqueza e, inclinando-se a ela, disse baixinho:

— Preciso ir, Ksenia. Mas você tem o direito de saber as causas que me obrigaram a empreender essa viagem. Tenho tanto respeito por você que não posso ficar aqui. Você mesma sabe a lama que jogaram em nosso relacionamento. Só numa coisa a raiva de Júlia acertou: eu amo você mais do que deve amar um homem honesto à mulher de seu irmão! Todos nós somos seres fracos, e cair em tentação é muito fácil.

Ksenia baixou a cabeça.

— Tem razão. Vá embora! Mas devo confessar que com isso você vai apagar o último raio de Sol em minha vida. Vou ficar totalmente solitária — disse ela, com voz abafada.

— Não, você não estará só porque vai ser mãe! — falou Richard, com entusiasmo. — A maternidade a compensará por tudo. Tome como exemplo as palavras de uma mulher de grande talento e de coração nobre e cheio de amor, que um dia li e fiquei profundamente comovido: "Nas trevas de uma vida conjugal fracassada", dizia ela, "uma criança é uma dádiva de Deus. Ela afasta a mãe da beira do abismo, para onde a empurram a solidão, o orgulho ferido e a nostalgia. É com o pequeno ser que ela preenche o vazio de seu coração; é ele quem não a deixa sentir dor pelo caminho espinhoso. Ela olha nos olhos claros de sua criança sem sentir vergonha e pensa: 'Estou só para o seu bem; sacrifiquei meus sentimentos e a mim mesma, mas fiz isso por minha própria vontade, pois assim disperso as nuvens para que o céu de meu filho esteja sempre claro!'"

E você, Ksenia, terá esse pequeno anjo a quem amar e criar, o que lhe fará esquecer o amargor de sua vida. E, quem sabe, essa criança possa ser um talismã que vai trazer Ivan de volta ao lar, e você possa, então, encontrar a verdadeira felicidade, que só pode ser trazida pelo dever cumprido — concluiu.

Por alguns instantes, a jovem mulher se entusiasmou com as palavras de Richard e acreditou na felicidade que elas lhe prometiam no futuro. Parecia que já estava vendo aquele pequeno mago, de cachos de seda, de olhos brilhantes, que iluminaria a sua vida solitária. Mas, com as últimas palavras, aquela visão clara se apagou e sua alma se encheu de desgosto e de ódio pelo marido.

— Eu não pretendo atrair Ivan e não quero isso — respondeu com desprezo. — Vou lutar sozinha contra o meu destino e contra a desgraça de ter-me ligado a um homem desonesto tão imprudentemente, para quem eu sou apenas um fardo incômodo. Acho que devemos nos separar. Então, vá embora, Richard! Esqueça-me e seja feliz! Mas sempre vou me lembrar de você como a melhor de todas as pessoas, a mais nobre e magnânima. Todo dia vou pedir a Deus que lhe proteja e que o traga são e salvo.

Ksenia passou a mão pela testa e tentou sorrir.

— Quando você voltar, sem dúvida encontrará em mim uma nova pessoa, porque pressinto que muita luta me espera pela frente.

— Infelizmente também receio isso. Aliás, permita-me dizer quais foram as providências que tomei para garantir sua independência econômica.

Vendo Ksenia fazer um gesto negativo, Richard apertou forte as mãos dela, que ainda segurava, e disse, olhando-a com ar de súplica:

— Não recuse! Não faça crescer o peso do meu constante receio de que lhe falte o necessário. Eu sou rico, sou muito rico, Ksenia! É uma ironia do destino garantir apenas o pão de cada dia à mulher que amo, quando gostaria de cobri-la com todos os tesouros do mundo. Se não aceita minha oferta por amor a mim, faça-o pelo bem de seu filho. Ele precisará de conforto, de uma babá, de comida saudável e leve e, de vez em quando, de um médico. Sustentar uma criança em Petersburgo custa caro. Duvido que Ivan esteja disposto a essas despesas.

Algumas lágrimas rolaram pelas faces de Ksenia.

— Se isso o tranquiliza, eu aceito sua oferta. Aliás, não estou lhe devendo todo o conforto que gozo desde que pisei pela primeira vez nesta maldita casa, que foi saqueada especialmente para minha recepção?

— Obrigado! Você aliviou um grande tormento. E agora, escute o que planejei para lhe garantir uma renda completamente independente de Ivan, pois ele é capaz de se apossar dela. A cada mês, você receberá duzentos rublos. Esse valor lhe será remetido de Moscou, como se fosse de seu pai adotivo. Assim, o dinheiro será propriedade incontestável. É muito pouco, é claro! Mas não determinei um valor maior por medo de provocar suspeitas. E como será difícil esconder de seu marido essa remessa de Moscou, é bem provável que ele encontre um meio de tirar de você pelo menos uma parte, porque meu irmãozinho é muito engenhoso para essas coisas. Para casos imprevistos, tome isto e esconda. São cheques assinados. Quando precisar de dinheiro, coloque o valor e entregue-os ao meu encarregado de negócios. Aqui está o nome dele e o endereço. Pode se dirigir a ele sem receio, pois é uma pessoa honesta, séria e discreta. De tempos em tempos, vou escrever para você por intermédio dele e, se tiver a bondade de me mandar notícias, ele as passará para mim.

— Sou muito grata, especialmente por essa última providência e a usarei com prazer. Ficarei feliz em saber como se sente nesses países distantes.

— Agora só me resta, querida Ksenia, lhe fazer um último pedido: não diga a ninguém sobre a verdadeira finalidade de minha viagem. Depois de amanhã, sigo, para todos os efeitos, para Berlim e não voltarei. Não quero que minha adorável família saiba onde estou quando a bomba que lhes preparei como presente de despedida estourar.

— Eu prometo. Mas também tenho um pedido a fazer. Dê-me seu retrato, para que nas horas de solidão eu possa olhar para o rosto de meu benfeitor, mesmo que seja só de vez em quando.

— Fiquei tão convencido que imaginei que você realmente teria esse desejo — respondeu Richard, tirando do bolso um estojo com sua miniatura e também pedindo o retrato de Ksenia.

A jovem mulher foi ao dormitório e trouxe de lá uma foto grande, feita antes do casamento. Emocionado, Richard viu um rosto encantador e sorridente, emanando calma e grandes olhos puros e cheios de esperança.

— Você era assim antes da fatídica sombra de Ivan afligir a sua vida? Oh! Por que não nos encontramos quando era livre?

— A felicidade não estava no meu destino. Ela devia estar por perto, mas não me foi dado alcançá-la — respondeu Ksenia, com voz deprimida.

Instalou-se um silêncio momentâneo. Richard, então, se levantou.

— Está na hora de ir. Adeus, Ksenia! Seja forte e corajosa! Não se esqueça que, estando perto ou longe, continuo sendo seu amigo, seu protetor e defensor. Se precisar de mim, escreva apenas uma palavra e logo eu apareço.

Ksenia lhe estendeu as duas mãos. Lágrimas quentes, que ela nem tentava esconder, caíram de seus olhos.

Com tristeza, Richard olhou para ela, abraçou-a, beijou-a na boca e saiu correndo do quarto.

Pálida, tremendo de corpo inteiro, Ksenia prestou atenção ao ruído das rodas da carruagem que levava Richard até que desaparecesse, ao longe. Depois, jogou-se no divã, afundou o rosto na almofada e desatou em pranto. Seu melhor amigo não voltaria mais para distraí-la em sua solidão e para apoiá-la nos momentos difíceis. Sentiu-se abandonada e solitária como nunca.

Quando passou aquele estado de desespero, Ksenia se levantou e olhou para o relógio. Já eram quase três horas.

"E se Ivan voltar e me encontrar em lágrimas?"

Apressadamente ela lavou o rosto com água fria.

De repente, lhe passou pela cabeça que talvez Richard, como de costume, tivesse trazido frutas e bombons para ela. Seria melhor que o marido não visse aqueles pacotes.

Todos em casa estavam dormindo. Ksenia acendeu uma vela e foi vistoriar a casa. Na saleta, viu algumas caixas e uma cesta grande.

"Meu Deus! Com certeza são presentes de despedida de Richard. É preciso escondê-los o quanto antes para que Ivan não os veja", pensou.

Ela levou as caixas para o seu quarto e as trancou num grande armário espelhado, resolvendo abri-las no dia seguinte. Mas a cesta era muito grande e pesada. Ksenia, então, abriu-a depressa e viu com surpresa que ali havia um enxoval para o bebê. Sem apreciar aquelas coisas maravilhosas, escondeu-as na cômoda e levou a cesta para a despensa. Depois, foi para a cama, sentindo-se muito cansada. Já era cerca de quatro horas, ela estava adormecendo e Ivan ainda não tinha voltado.

Três dias depois, no café da manhã, Ivan Fiodorovitch disse para Ksenia que Richard tinha ido para Berlim e que pediu que lhe transmitisse votos de felicidade.

— Ele voltará dentro de dois ou três meses. Aliás, ele me deu de presente algumas caixas de vinho que serão trazidas hoje para cá. Faça um inventário e controle a quantidade de garrafas que nós usarmos, porque os vinhos que Richard bebe são muito caros — acrescentou ele.

Depois do almoço, chegaram dois furgões carregados de garrafas do vinho mais nobre. Richard mandara à cunhada toda a sua adega para evitar despesas desnecessárias. Comovida, Ksenia mentalmente agradeceu ao seu generoso protetor que, de todas as maneiras, tentava ajudá-la com a engenhosidade de um homem que ama.

Nas caixas que havia escondido na véspera, Ksenia encontrou cortes de seda, de veludo, rendas caras e também uma pequena caixa de prata com incrustações de turquesa, ametista e de outras pedras. Na tampa, estavam presos uma chave e um bilhete que dizia:

Abrir somente em caso de extrema necessidade.

Atendendo ao desejo de seu benfeitor, Ksenia trancou a pequena arca na gaveta de sua escrivaninha e encontrou ali um porta-moedas com suas iniciais. Sem dúvida, Richard o havia colocado lá quando ela fora buscar o retrato. No porta-moedas havia mil rublos e mais um bilhete:

> Desculpe-me, querida Ksenia, por importuná-la com meus presentes! Mas é a única felicidade que minha fortuna me dá. Ela é grande demais para mim e não tenho com quem dividi-la.

❁ ❁ ❁

Numa manhã, duas semanas depois dos acontecimentos descritos, Ivan Fiodorovitch estava na casa de sua mãe e tomava café com todos os seus familiares. Durante a refeição, Júlia contava sobre sua visita à diretora de um internato aristocrático muito caro, onde havia resolvido colocar sua filha por conta de Richard, é claro! O relato foi interrompido pelo criado, que anunciou a chegada do encarregado dos negócios de Richard Fiodorovitch e que desejava ver Cleópatra com certa urgência.

Em seguida, todos passaram para a sala de visitas, onde a senhora Guerouville, muito amavelmente, recebeu o confidente de seu enteado. O senhor idoso, muito honrado, depois de uma troca de amabilidades disse, com ar um tanto embaraçado:

— Tenho para a senhora e Ivan Fiodorovitch uma mensagem não muito agradável.

Ele tirou da pasta um envelope e o entregou a Ivan Fiodorovitch, acrescentando:

— Já que o encontrei aqui, permita-me entregar-lhe a carta de seu irmão. Mas talvez o senhor já saiba do que se trata.

— Não, não. Não sei de nada. Aconteceu algo com Richard?

— Pelo que me consta, nada lhe aconteceu. Provavelmente suas notícias não chegarão tão logo, pois atualmente ele se encontra em alto mar.

— Em alto mar?! — exclamaram todos, em coro. — Isto é impossível! Ele está em Berlim!

— De maneira alguma. Ele viajou com um amigo e resolveram visitar o Egito, a Índia e outros países. A viagem durará, pelo menos, três ou quatro anos. Richard até pediu demissão para se sentir completamente livre.

A notícia deixou todos estarrecidos e, na sala, instalou-se um silêncio mortal.

— E ele escondia de mim essa intenção? — balbuciou a senhora Guerouville.

— Pelo visto, sim! — respondeu tranquilamente o gerente. — Além disso, fui incumbido, senhora, de declarar que este prédio foi vendido e que vocês terão de desocupar o apartamento no prazo de seis semanas, pois o novo proprietário deseja ocupá-lo o mais breve possível. Recebi ainda a ordem de entregar-lhe mensalmente a quantia de cem rublos.

— Que perfídia! Cem rublos, ficando sem o apartamento? — resmungou Cleópatra. — E para Júlia e a filha?

— Nada. Pelo menos não recebi nenhuma ordem em relação à senhora Golzman e sua filha.

— E quanto a mim? — indagou Ivan, totalmente pálido.

Ele, então, entendeu as consequências de sua última conversa com o irmão.

— Fui incumbido de lhe entregar duzentos rublos toda Páscoa e todo Natal. Além disso, apenas o subsídio único de trezentos rublos para o batismo. Por encargo do senhor Richard Fiodorovitch, adquiri uma casa pequena, mas muito boa, na rua Serguievski, para onde levarei as coisas dele. Esta casa estará fechada até a sua volta. Já para a senhora, posso oferecer a casa de campo de Richard Fiodorovitch em Gatchino,[1] condicionada para temporadas de inverno. Ela tem oito cômodos e um grande jardim. Se desejar, poderá ocupá-la. Na opinião de meu mandante, as damas, que são idosas, precisam apenas de tranquilidade e de ar puro e lá se sentirão muito bem.

As três mulheres, que ouviam em silêncio aquelas palavras, levantaram-se tremendo de raiva.

— Ah! Canalha! Ele ainda ri de nós! Ele que se engasgue com sua casa de campo! Não a queremos! — gritou Cleópatra, perdendo o controle.

— A senhora não tem razão. A casa é muito bonita e confortável e Gatchino não fica tão longe de Petersburgo. Em todo caso, se a senhora mudar de idéia, a casa de campo está à sua disposição. Eis o talão de cheques para este ano. A cada mês a senhora pode receber a soma determinada no escritório do banco Lampe & Cia. E agora, permitam que me despeça dos senhores, tenho muitos assuntos a resolver por hoje.

Depois da saída do encarregado, na pequena sala de visitas reinou total silêncio. O golpe recebido foi cruel e todos os presentes se sentiam como num pesadelo. O homem magnânimo a quem, por todos os seus favores, eles pagavam com ofensas, calúnias e

1 Gatchino - Vilarejo do final do século XVIII, próximo a São Petersburgo, famoso pelo agrupamento de seu palácio e pelo belo parque.

provocações vis, mostrou finalmente suas garras e fez sentir sua ira e desprezo.

Ivan Fiodorovitch foi o primeiro a cair em si. Pegou a carta do irmão, abriu e, rapidamente, leu as seguintes linhas:

> Há tempos sei com que calúnia desonesta perseguem a mim e à nobre e inocente mulher que você aprisionou com o casamento. Ksenia Aleksandrovna nunca me inspirou outro sentimento a não ser amizade e pena. Cansei das baixas intrigas de Júlia. Você me aconselhou a fazer uma viagem e eu, seguindo seu bom conselho, estou partindo por alguns anos. Dessa maneira, acredito, o mal será cortado pela raiz e assim não serei mais um empecilho para a felicidade do casal. Agora, nada vai lhe impedir de reconquistar o coração de sua mulher e nada vai ensombrar sua vida em família.
>
> Para minha madrasta, deixo uma pequena pensão e o direito de se instalar na minha casa de campo em Gatchino. Para você não deixo nada, por ter interpretado tão mal a ajuda que lhe prestei. Aliás, você ganha o suficiente para sustentar sua família. Quanto a Júlia Pavlovna, não me sinto na obrigação de pagar por suas despesas e pelas de sua filha. Sua prima é jovem e pode trabalhar. Se ela quiser fazer um curso de corte e costura ou trabalhar como caixa em algum lugar, não lhe recusarei ajuda e concordaria em pagar os estudos de Anastácia no ginásio, pois gostaria que se tornasse uma mulher desenvolvida, capaz de ganhar seu próprio pão e não uma criatura fútil, louca por roupas e cheia de pretensões

incompatíveis com sua condição financeira. Se não gostaram de minhas decisões, sinto muito! Vocês devem culpar a si próprios. Foram vocês quem me obrigaram a partir e não é por mim que vão chorar.

Richard Guerouville

Carrancudo e pálido de fúria, Ivan Fiodorovitch jogou a carta sobre a mesa e se levantou.

— Leiam e se deliciem com o magnífico resultado de suas intrigas! Suas medusas! Suas línguas ferinas! Vocês mesmas se castigaram com a inveja que sentem por minha mulher. Pessoalmente, para mim tanto faz, pois tenho o suficiente para viver. Mas estou contente por ver vocês com os rabos entre as pernas. Agora, digam adeus ao apartamento luxuoso e vão para Gatchino. Frequentem o galinheiro ao invés de brilhar no camarote cativo de Richard nas estréias das óperas e dos balés. Andem chacoalhadas por carros baratos, em lugar de passear de carruagem. Ah!... — bateu ele com o punho na mesa. — Repito, estou muito contente que Richard, com tanta inteligência, tenha-se vingado de vocês por suas atitudes vergonhosas. E não contem com a minha ajuda! Eram vocês quem me colocavam contra meu generoso irmão, que sempre me demonstrou amizade. Por causa de vocês fiquei numa situação falsa e indecorosa perante ele.

Ivan Fiodorovitch saiu batendo a porta e, como um furacão, desceu as escadas. A cólera o sufocava.

Depois que ele foi embora, uma briga encarniçada começou entre as três mulheres. Uma culpava a outra por aquela desgraça. Todas concordavam apenas na ira contra Richard. Sobre a cabeça do ausente caíam os palavrões mais insultuosos.

Finalmente, os gritos, os ataques de nervos e as pragas mútuas cessaram. As senhoras idosas ficaram sozinhas porque Júlia saiu furiosa e se trancou no quarto.

Maria Nikolaevna, depois de chorar por uma hora inteira, foi a primeira a falar:

— Escute, Cleópatra! — disse ela, enxugando seus olhos injetados e inchados. — Vamos dar uma olhada na tal casa de campo em Gatchino. Talvez seja possível viver lá. Hoje em dia, os aluguéis dos apartamentos são tão caros que é melhor ter uma moradia gratuita. Já que, graças a Júlia e a sua língua ferina, nós ficamos numa situação tão ruim, devemos pensar em nos arranjar logo. Nossas pensões são de duzentos rublos por mês. Richard vai dar mais cem. Com isso, dá para viver e até alugar um *pied-à-terre*[2] para as idas ao teatro e as compras em Petersburgo. Até poderemos contratar uma governanta para Anastácia.

— Tem razão, mãe! Em primeiro lugar, temos de ver essa toca, da qual não sabia nada até hoje. Se for possível viver lá, nos mudaremos — respondeu Cleópatra, como se fizesse um favor ao concordar em morar na casa de Richard.

Dois dias depois, as duas senhoras foram sozinhas a Gatchino, pois Júlia havia-se recusado categoricamente a acompanhá-las.

Sendo a casa grande, confortável e cercada de um belo jardim, elas resolveram se mudar para lá. Concluído o assunto, as mulheres se ocuparam com a mudança. Todos os objetos de valor que adornavam os quartos — pinturas e objetos de bronze — foram leva-

2 *Pied-à-terre* - Em francês, no original: abrigo temporário.

dos, embora a maioria deles pertencesse a Richard. O gerente não se opôs, pois não havia recebido indicações especiais a esse respeito.

Júlia permanecia em estado de forte irritação. Não conseguia falar de Richard sem espumar de raiva, considerando uma ofensa pessoal sugerir que ela procurasse um trabalho. Realmente, tal perspectiva era severa demais para aquela coquete ociosa, que não fazia outra coisa senão ler romances, andar pela cidade, frequentar teatros e reuniões e fazer compras de suas toaletes às custas alheias.

Porém, passados alguns dias, ela se acalmou um pouco e se entregou a uma atividade febril, fazendo viagens frequentes e misteriosas. Ninguém sabia aonde ela ia, o que fazia e o que empacotava.

Na véspera da mudança para Gatchino, quando Cleópatra Andreevna e sua mãe chegaram em casa depois de visitas de despedida, elas encontraram o quarto de Júlia vazio. Todas as suas coisas haviam sumido. A camareira entregou uma carta para Maria Nikolaevna e disse que Júlia levara suas malas e objetos em uma carroça alugada, mas para onde ela não tinha noção.

Em sua carta, Júlia declarava laconicamente que não se sentia capaz de levar uma vida de cão, como caixa ou costureira e que, com sua beleza, bastava apenas fazer uma escolha para se arranjar com decência. Por isso, ela citou o amor e a proteção de um homem idoso, que a adorava e que se casaria com ela se o canalha do Golzman, além da fortuna, não a privasse da possibilidade do divórcio. Ela escreveu adiante:

> Deixo Anastácia com vocês porque viajo para o exterior. A criança precisa de uma

> vida regrada que não posso lhe dar. Para mim, ela seria apenas um fardo, mas para vocês ela será uma distração. E, já que não têm o que fazer, podem perfeitamente se ocupar com sua educação.

Transtornadas, as senhoras mandaram chamar Ivan Fiodorovitch, que ainda devia estar no trabalho. Este chegou depois do expediente. Quando a mãe lhe pediu para procurar por Júlia e botar juízo na cabeça dela, Ivan Fiodorovitch caiu na gargalhada.

— Seria em vão o trabalho de tentar ajuizá-la. Vocês duas são ingênuas demais em pensar que Júlia resolveu se aventurar pelo mundo. O homem idoso que a adora é o proprietário de uma fábrica de vodca, com o qual há tempos ela anda se relacionando sem pudor nenhum. É claro que ela vai botar chifres nele! Mas ele também dará a ela uma lição à sua maneira. Portanto, esqueçam-na! Para Anastácia, é uma verdadeira felicidade que sua respeitosa mamãe a tenha largado. Contratem uma governanta para ela! Uma alemã rígida, bem severa, que a faça estudar seriamente. Quanto a vocês, terão uma vida mais tranquila sem a tão querida Júlia.

Para as duas mulheres, não restava outra alternativa senão contentarem-se com aquela resposta. Elas foram para Gatchino, levando consigo Anastácia, perplexa com a partida repentina da mãe.

Quando a governanta começou a se ocupar de Anastácia, que até aquele dia estivera aos cuidados de uma criada, a menina ficou muito contente e visivelmente mudou para melhor.

Capítulo 8

Apesar do grande prejuízo que a partida do irmão causou em sua carteira, Ivan Fiodorovitch continuava levando uma vida alegre. A manutenção da casa lhe custava pouco, pois, graças às generosas providências de Richard, Ksenia conseguia cuidar satisfatoriamente de tudo, sem pedir ao marido que aumentasse o orçamento, e até fazia economias.

Fatigada pela gravidez penosa, Ksenia quase nunca saía de casa. Sua única companhia era a vizinha alemã, pois Júlia havia desaparecido e Maria Nikolaevna vivia em Gatchino com a filha e não lhe fazia uma única visita. Mas Ksenia não se queixava da solidão. Seu coração estava ocupado por Richard e seu pensamento a levava para longe, atrás do viajante, durante aquelas longas horas que passava no sofá de seu ***boudoir***, sabendo que o marido nunca estava por perto e que sua indiferença por ela se tornava mais evidente a cada dia.

Não lhe interessava nem um pouco o que fazia Ivan Fiodorovitch. O amor que outrora despertara nela deu lugar ao amargor e ao desprezo. Agora que podia pensar nele com calma, espantava-se com a cegueira daquele tempo. Todo o sentido de sua vida concentrava-se na criança que esperava. Ela poderia amá-la sem remorso. Para ela se voltaria toda a ternura e o amor de sua alma abnegada, tão cruelmente ferida pelo marido.

Com impaciência, a jovem mulher esperava pelo parto e pela nova vida que devia começar com o nascimento do bebê. Enquanto Ksenia levava essa vida solitária, seu marido continuava o caso amoroso com a princesa. A paixão mútua dos dois chegou ao apogeu quando um acontecimento, que, aliás, podia ter sido facilmente previsto, causou neles uma agitação pouco agradável.

Anna Mikhailovna descobriu que estava grávida e comunicou com lágrimas o fato à sua confidente e amiga Dorobkovitch, que riu do desespero da princesa.

— Não diga! Que tragédia! Graças a Deus, atualmente a ciência sabe como livrar a mulher desse fardo indesejado. Minha amiga, posso levá-la a uma parteira que lhe ajudará sem que você corra risco algum. E ponto final! Hoje em dia todas as mulheres recorrem a isso para se livrar da gravidez.

Mas, para a enorme surpresa de Sofia Borissovna, a princesa recusou terminantemente sua proposta.

— Nunca me submeterei a isso! Minha prima Tatiana e uma de minhas colegas do internato morreram por causa disso, mas eu não quero morrer. É preciso inventar algum outro meio de esconder do meu marido a minha situação.

— Então, vamos pensar! Mas, antes de tudo, me diga se pode confiar na discrição de sua camareira e para quando está esperando a volta de seu marido.

— Na discrição de Matriona eu confio plenamente. Ela é muito fiel a mim. Mas não posso saber ao certo quando Gregori vai retornar. Em sua última carta, ele diz que o caso da herança está se estendendo porque um primo longínquo disputa o direito a uma soma considerável e que ele não voltará enquanto não resolver esse assunto. Além disso, ouvi dizer que ele se apaixonou por uma beldade caucasiana e que está se divertindo com ela em Tiflis.

— Nesse caso, tudo se arranjará da melhor maneira. O parto deve acontecer no outono, o que é muito oportuno, pois vou alugar uma casa de campo retirada, onde você poderá passar comigo seus últimos meses de gestação. Depois, vamos a Petersburgo e, após uma semana, o caso estará encerrado. Na semana que vem iremos para lá. Já comuniquei a todos que você se cansou da temporada de inverno e que a levarei da cidade para que possa respirar ar puro. Viveremos totalmente isoladas. Stanislav nos visitará somente aos domingos. Depois irá para Odessa[1] e, mais tarde, viajará para o exterior. Meus filhos maiores passarão o próximo verão na casa da avó, com a governanta. Conosco ficarão apenas Lídia, com sua velha ama-seca, e Micha, com sua babá.

Sofia Borissovna falava, arrumando o cabelo diante do espelho. Surpresa por não ter recebido resposta, virou-se e ficou confusa, vendo a princesa chorar, fechando o rosto com um lenço.

— O que há com você, Anna? Por que está chorando? — perguntou ela, trancando a porta com a chave e sentando-se no sofá ao lado da amiga.

— Atormenta-me o futuro desta criança. Agora há pouco, Micha me abraçou e me ocorreu que meu pobre filho será criado num orfanato e que nem eu, nem você, saberemos o que acontecerá com ele, se estará vivo ou morto. Só de pensar nisso, senti ódio

1 Odessa - Capital da região de Odessa, na Ucrânia, e importante pólo industrial, cultural, científico e turístico.

de Gregori, aquele selvagem que, com certeza, não me permitirá ficar com a criança, enquanto muitos outros, melhores do que ele, aceitam e perdoam a fraqueza feminina com magnanimidade.

— Minha querida Sofia, não seria possível entregar a pobre criança a uma família qualquer para, ao menos, não perdê-la de vista? — perguntou, de repente, Anna Mikhailovna.

— E você poderia destinar à criança uma certa quantia em dinheiro? — retornou Sofia Borissovna, depois de uma reflexão momentânea.

— Sem dúvida alguma! Tenho cinquenta mil rublos, e o príncipe não sabe da existência deles. Uma parte veio como pagamento de uma dívida e a outra da venda de terras em Malorússia,[2] que até me incomodavam. Daria este dinheiro com muito prazer.

— Bom. A quantia é boa! Isso muda tudo! — respondeu Dorobkovitch, mergulhando novamente em seus pensamentos.

De repente, ela sorriu maliciosamente e os olhos esverdeados acenderam-se com ironia.

— Tive uma idéia maravilhosa que resolverá o seu problema de uma maneira excelente! — disse. — Não sei se você sabe, mas a senhora Guerouville também está grávida. Portanto, para ela não será difícil criar dois bebês em lugar de um só. Deixaremos o seu na entrada da casa dos Guerouville e assim ele crescerá sob o teto paterno.

— Sua idéia maravilhosa é uma utopia. Nunca, nem Ivan, nem a esposa ficarão com ele. Simplesmente o mandarão para algum orfanato — objetou com irritação a princesa.

---

2 Malorússia (ou pequena Rússia) - Antiga região da Rússia, onde atualmente situa-se a Ucrânia.

— Ora! Mandar para um orfanato uma criança que trouxe consigo cinquenta mil rublos?! Ivan Fiodorovitch tem inteligência demais para isso! Mas fique tranquila, farei um trabalho preliminar preparatório com ele. Em todo caso, mesmo que ele leve a criança para outro lugar, o dinheiro estará nas mãos do pai e não de um abutre qualquer.

— Mas a mulher dele pode desconfiar e não aceitar o bebê, ou maltratá-lo.

— Quem? Ela?... Dizem que é tapada como uma porta e, além do mais, se vangloria de suas virtudes cristãs. Aposto que ficará com o pequeno órfão, enviado por Deus, e com o tempo convencerá Ivan Fiodorovitch a adotá-lo. Desse modo, o futuro senhor ou senhora Guerouville gozará daquilo que lhe pertence por direito. Ah, Ah, Ah!

Sofia Borissovna caiu na risada e dissipou os últimos remorsos de sua amiga.

❁ ❁ ❁

Quando Ivan Fiodorovitch soube do acontecido, seu amor esfriou significativamente. Ele detestava mulheres grávidas e costumava abandoná-las. Desfazer-se de Anna Mikhailovna não era tão fácil e abandoná-la, rompendo bruscamente o relacionamento, ele não ousava.

Ivan Fiodorovitch dirigiu-se à casa da senhora Dorobkovitch. Tinha certeza de encontrar por lá Anna Mikhailovna, que lhe mandara um bilhete, insistindo que aparecesse na casa da amiga.

Embora não sentisse mais tanto amor pela princesa, ele a poupava, com medo de um escândalo. Não sabia como se livrar daquela relação e, às vezes, ficava com ódio de si mesmo.

Ele apareceu, viçoso, encantador, alegre como um tentilhão, porque havia conseguido arrancar mil e quinhentos rublos das economias de Ksenia, o que lhe dava a possibilidade de se permitir vários prazeres.

Depois do chá, todos os hóspedes foram para as mesas de jogo e Sofia Borissovna teve chance de ficar a sós com Ivan Fiodorovitch. Desde as primeiras palavras, o rosto de Ivan ficou desgostoso. Não lhe agradava nem um pouco aquela idéia de colocar no mundo mais um filho bastardo. Ele já estava cansado dessa tramóia e não sabia como se livrar dela, mas assumir as consequências de seus casos amorosos não fazia parte de seus hábitos. Além do mais, ele não sabia se Ksenia estaria disposta a receber aquele presente anônimo e, se ela soubesse a verdade, seria um escândalo terrível.

O resultado de suas ponderações foi a recusa, visto que o plano era muito arriscado e, além de tudo, muito insultuoso para sua mulher.

Apesar da recusa e do visível descontentamento de Ivan Fiodorovitch, Sofia Borissovna ainda não se dava por vencida. Ksenia inspirava-lhe ódio e desprezo instintivos, sentimentos comuns entre as amantes em relação às esposas legítimas, e a idéia de obrigá-la a criar o filho bastardo do marido lhe parecia extremamente original. Muito habilmente, ela passou para a questão dos cinquenta mil, dizendo que deveriam ficar em poder de Ivan Fiodorovitch. Na qualidade de tutor, seria ele quem disporia do dinheiro, mesmo se não ficasse com a criança e a colocasse em algum abrigo.

Ivan Fiodorovitch ficou atento. Sem dúvida, seria muito bom se dispusesse daquele valor. De repente, como um raio, passou por sua cabeça a idéia de que, em último caso, poderia levar a criança para a casa de sua mãe que, por um bom dinheiro, concordaria em educá-la.

— Entendo suas dúvidas e sua cautela — continuou em tom meloso e dissimulado a senhora Dorobkovitch, sentindo que a balança começava a pender para o seu lado. — Mas você também tem obrigações com esse bebê. Além do mais, que mal isso fará à sua mulher? Nenhum, já que o segredo será mantido e a senhora Guerouville não terá suspeita nenhuma. Ela poderá perfeitamente cumprir a tarefa cristã de educar um órfão. As jovens mães são sempre muito ternas. Em compensação, imagine a felicidade que sentirá a coitada da Anna, sabendo que seu filho está sob o teto paterno. Ela é rica e pode fazer ainda muito por esse bebê infortunado. Será o mais querido de todos os pequenos príncipes que podem vir ao mundo, porque você mesmo sabe que os filhos do amor são mais amados que os outros.

— Talvez você tenha razão! — respondeu Ivan Fiodorovitch, depois de um certo silêncio. — Tentaremos, se você tiver uma pessoa de plena confiança e bastante hábil para levar a criança à nossa casa sem que ninguém veja. Caso minha mulher não queira ficar com o bebê, tenho uma pessoa próxima e leal, a quem poderia entregá-lo. E, com o tempo, se houver possibilidade, eu lhe daria o meu nome.

Muito contente com o resultado de suas negociações, Sofia Borissovna, voltou para a sala de visitas acompanhada por Ivan Fiodorovitch, e piscou para Anna em sinal de que tudo havia sido arranjado.

Capítulo 9

Conforme o combinado, a princesa foi morar na casa de campo da amiga, numa região afastada. Stanislav Vitoldovich tinha viajado para Odessa e as duas amigas estavam vivendo em total isolamento.

Certa manhã, no começo de agosto, quando elas entravam na carruagem para ir à estação ferroviária, o carteiro lhes entregou algumas cartas e os jornais. Uma das correspondências era endereçada à princesa.

— É de Gregori — disse com indiferença Anna Mikhailovna.

E já ia jogá-la na bandeja de correspondências e lê-la somente depois de retornar da cidade, mas mudou de idéia e colocou a carta no bolso.

Não havia ninguém no compartimento de primeira classe, onde as damas se alojaram. Por isso, Sofia Borissovna aproveitou para abrir o envelope da carta que recebera do marido. Anna seguiu o seu exemplo. Mal correu os olhos pelo lacônico bilhete de Gregori, e a princesa deu um grito, mudou de cor e se recostou nas almofadas, tremendo febrilmente.

Assustada, Sofia Borissovna inclinou-se sobre ela, deu-lhe sais para cheirar e perguntou o que havia acontecido.

Incapaz de pronunciar uma só palavra, Anna Mikhailovna estendeu-lhe o bilhete. Instantes depois, a senhora Dorobkovitch também empalideceu. No seu rosto anguloso estamparam-se os sentimentos da ira e do medo. O príncipe comunicava que pretendia ir a Petersburgo dentro de oito dias e, em seguida, iria buscar a mulher na casa de campo para levá-la à cidade. A situação era realmente desesperadora e Sofia Borissovna, em vão, tentava usar sua mente engenhosa para encontrar alguma saída. Em seu íntimo, ela praguejava contra aquela idiota que, por medo, não havia concordado com sua primeira proposta, quando ainda era fácil consertar tudo.

Mas, de repente, um novo acontecimento mudou o rumo de seus pensamentos. A princesa sentiu-se muito mal, teve uma crise nervosa e começou a ter dores tão fortes que mal segurava os gritos, suando frio.

— Assim que chegarmos a Petersburgo vamos procurar uma parteira — disse Sofia Borissovna inquieta, tentando controlar a irritação. — Agora, use o máximo de suas forças para não demonstrar seu sofrimento, senão tudo irá por água abaixo.

Nunca uma viagem lhes pareceu tão longa. Quando finalmente chegaram, Anna Mikhailovna tinha um aspecto tão doentio que Dorobkovitch foi obrigada a deixar de lado seus disfarces habituais e mandar o cocheiro levá-las diretamente à casa de alguma parteira. Felizmente havia um quarto isolado e desocupado, onde ela acomodou a princesa. A parteira anunciou que o parto seria prematuro, em consequência de uma emoção muito forte. Sofia Borissovna, furiosa e alterada, deveria permanecer, a contragosto, com a princesa.

Por volta das dez horas da noite, tudo havia terminado. Anna Mikhailovna deu à luz um menino miúdo e fraquinho.

"Pobre menino", pensou Dorobkovitch, "você poderia se tornar um príncipe milionário."

Em vista do acontecimento inesperado, ficou resolvido que a criança ficaria por alguns dias com a parteira, até que Sofia Borissovna fosse buscá-la. As duas precisavam voltar para casa com urgência.

Lívida e abalada, porém livre do pesadelo que a oprimia, a princesa saiu da casa da parteira cambaleando e, quase à meia-noite, chegou na casa de campo, onde sua fiel camareira a colocou na cama e começou a cuidar dela. Agora, sob o pretexto de doença, Anna Mikhailovna podia permanecer no seu quarto e tratar de sua recuperação.

No dia seguinte, Sofia Borissovna foi novamente para a cidade, pegou em seu apartamento a carteira com os cinquenta mil rublos e um pacote que havia preparado fazia tempo. Em seguida, dirigiu-se à casa da parteira, pegou a criança e vestiu-a com roupinhas luxuosas.

Uma carruagem de aluguel levou-a para aquela parte afastada da cidade, onde a imponente capital começava a virar uma aldeia com pequenas casas de madeira beirando as ruas sem pavimento. Em frente a uma daquelas casas, separada das outras por uma cerca de tábuas, a carruagem parou. Escondendo a criança debaixo de uma manta larga, Sofia Borissovna desceu da carruagem, atravessou o pátio sujo e bateu à porta. Atendeu uma senhora de certa idade, alta e magra, que recebeu a visita com manifestações de alegria e lisonjas, demonstrando sua humildade.

Fotinha era uma antiga babá do primeiro filho da senhora Dorobkovitch. Ela lhe pagava uma pensão, lhe dava presentes e a usava nos seus pequenos assuntos secretos. Era totalmente fiel, discreta e esperta. Sem perder tempo, Sofia Borissovna explicou o que queria dela.

— Hoje mesmo você deve se dirigir à ilha de Krestovski e deixar a criança na casa cujo endereço lhe dei. Espere até escurecer, Fotinha, para que ninguém note a sua presença. Seja muito cuidadosa e coloque o embrulho em um lugar onde ele possa ser facilmente visto.

— Pode ficar tranquila, querida senhora! Não precisa me ensinar como proceder em coisas desse tipo. O moleque vai passar esta noite onde a senhora deseja. É só me dizer quantos criados há e explicar a disposição dos cômodos, se a senhora conhece a casa.

Sofia Borissovna deu todas as informações necessárias e lhe entregou cem rublos pelo serviço. Contente, a velha ajudou-a a trocar a roupa do menino e a acomodá-lo numa cesta com tampa. Depois disso, Sofia Borissovna foi embora.

Fotinha saiu de casa por volta das nove horas. Vestia uma manta escura, larga e comprida, e um lenço preto na cabeça. A pequena cesta sumia completamente sob as pregas da manta redonda.

Um cocheiro levou-a até a ilha de Krestovski. Na esquina da rua indicada, o carro parou e ela seguiu o caminho a pé. Parecia que o próprio céu favorecia aquela ação obscura. Já havia anoitecido, as nuvens escondiam a lua e o ar estava quente e pesado, prenunciando uma tempestade.

A velha examinou a casa atentamente. Só havia duas janelas iluminadas na fachada. Os dois lampiões do portão estavam apagados e a portinhola estava aberta. Ela ficou por alguns minutos do outro lado da rua, calculando como executar melhor sua tarefa, quando, pela portinhola, saiu uma camareira bem arrumada, de avental branco e touquinha plissada, com uma pequena cesta na mão. Mal a camareira se afastou e, pela mesma portinhola, saiu um homem carregando algumas garrafas vazias.

— Dária Antonovna! Dária Antonovna! — gritou ele, seguindo-a apressado. — Espere por mim, vamos juntos! O patrão me mandou buscar a cerveja.

"É a camareira e o criado. Que sorte!", pensou Fotinha.

Sem vacilar, atravessou a rua deserta e entrou no pátio. Ali ela avistou uma janela aberta, aproximou-se de mansinho e olhou para dentro. O quarto estava vazio e a porta fechada. As lamparinas dos ícones iluminavam o quarto, que logo ela reconheceu como dormitório. Havia camas com colchas de renda, uma penteadeira e móveis estofados. Tudo era rico e elegante.

"O moleque não se sentirá mal aqui", pensou Fotinha, subindo numa saliência da parede com uma habilidade e força difíceis de se esperar duma senhora idosa.

Então, colocou a cesta na mesa que estava perto da janela, abaixou a cortina, desceu num pulo e saiu correndo do pátio.

Ninguém a viu. Ao chegar na esquina, ela virou-se e avistou Dária e Jossef que voltavam, conversando tranquilamente.

— Isso é que eu chamo de um serviço bem-feito. Sofia Borissovna pode ficar contente! — balbuciou Fotinha, empreendendo depressa seu caminho de volta.

As janelas iluminadas da fachada pertenciam à sala de jantar. Ksenia Aleksandrovna estava sentada à mesa, jogando paciência; não muito longe dela Ivan Fiodorovitch lia um jornal. Contrariando sua rotina, ele não saíra de casa aquela noite porque sentia dores no estômago. O samovar estava fervendo e o casal esperava apenas pelos pãezinhos que a camareira iria trazer.

Dária colocou a cesta na mesa; Ksenia serviu o chá num copo e ia passá-lo para o marido quando ouviu-se um grito do lado do dormitório. Em seguida, Dária entrou correndo na sala de jantar.

— Senhora! — gritou ela com voz trêmula. — Em seu dormitório... tem alguma coisa... na mesa...

Vendo que a esposa ficara pálida e nervosa, Ivan Fiodorovitch interrompeu a camareira:

— Idiota! Como ousa dar susto na senhora? Diga simplesmente que há alguma coisa no quarto! — gritou ele irritado, pegando um bastão que estava no canto da sala.

— Não, não, senhor! Não é ladrão! — exclamou Dária. — Há uma cesta na mesa e dela sai um choro de criança!

— De criança? Está louca? Quem, e de que maneira, poderia colocar uma criança aqui?

Com a rapidez de um raio, Ksenia correu para o dormitório. Antes que Ivan pudesse ir atrás, ela já voltava com a cesta nos braços e colocou-a na mesa. Da cesta ouvia-se claramente o choro de um recém-nascido. Com as mãos trêmulas, a jovem mulher cortou a cordinha que prendia a tampa, levantou-a, tirou um pequeno cobertor de seda azul e depois a almofada adornada com renda, na qual estava a criança.

Ivan Fiodorovitch praguejava, fazendo estardalhaço para esconder a emoção desagradável que tomava conta dele, pois afinal era o destino de seu filho que estava sendo decidido naquele momento.

Ksenia começou a examinar o bebê, vestido com uma camisa de cambraia com rendas. Do pescoço da criança pendia, numa larga fita, um saquinho de cetim branco bastante volumoso e uma carta.

A jovem mulher passou as duas coisas para o marido.

— Dê uma olhada, talvez achemos alguma indicação nisso — disse ela, embalando a criança que continuava chorando.

Jossef também veio correndo da cozinha e, pasmo, ouvia o que Dária lhe contava sussurrando. Nesse meio tempo, Ivan Fiodorovitch abriu o envelope e, em voz alta, leu o seguinte:

> A soma que se encontra no saquinho constitui o dote da criança. Não mandem embora esse pequeno órfão, cuja infortunada mãe se vê obrigada a entregá-lo à vossa caridade. A criança não foi batizada.

— Que idéia estranha presentear justamente a nós com esse meninote! — resmungou Ivan Fiodorovitch, dando de ombros. — Em todo caso, hoje já é tarde demais para tomar alguma decisão. Amanhã resolveremos o que fazer com ele. Como a mãe infortunada garantiu sua manutenção, poderemos encontrar um lugar para a criança. Mas que voz tem esse menino! Dária, leve-o para o seu quarto. E você, minha querida, está tão agitada que precisa se deitar o quanto antes. Eu ainda vou trabalhar um pouco.

Com tais palavras, ele se dirigiu ao escritório, levando consigo o saquinho de cetim. Ksenia não respondeu nada. Quando o marido saiu, ela levou a criança para o seu quarto e mandou Dária esquentar um pouco de leite.

— Senhora, a mulher do nosso guarda tem uma

mamadeira. Vou buscá-la e a criança poderá tomar o leite — propôs a solícita Dária.

Meia hora depois, o hóspede inesperado foi alimentado, enrolado em fraldas limpas e colocado provisoriamente no carrinho que Ksenia tinha providenciado para o seu futuro bebê.

Sentada ao lado do berço improvisado, a jovem mulher inclinou-se sobre a criança adormecida e olhava com profunda emoção para aquela pequena criatura, da qual sua mãe tivera a coragem de se separar.

No coração de Ksenia, magnânimo e cheio de amor, surgiu um calor e uma simpatia profunda por aquele ser desafortunado, entregue a pessoas estranhas e privado do amor e da proteção aos quais tinha direito.

Será que Ksenia também o rejeitaria? Não teria sido o próprio Deus quem havia incentivado a mãe desconhecida a levar aquela pequena e inocente criança para lá, querendo testar se o coração de Ksenia era cruel a ponto de rejeitá-la também e entregá-la novamente a mãos alheias, talvez até mais cruéis e indignas?

Pobre Ksenia! Nem imaginava que ofensa terrível representava para ela a presença daquela criança em sua casa! Em sua alma pura e honesta não havia um pingo de suspeita sobre a real situação que contava com seus sentimentos mais nobres e que fora idealizada por uma mulher perversa, que experimentava todos os vícios.

Ivan Fiodorovitch, ao invés de trabalhar, entregouse a uma reflexão profunda. Ele contou e escondeu os cinquenta mil rublos e, por um minuto, um sentimento fútil apagou todos os seus outros sentimentos. Aquele filho já lhe trouxera uma soma considerável. Quem sabe, lhe traria mais ainda no futuro?! A princesa era uma mina de ouro. Só para não contrariar o marido, ela estava se desfazendo de um filho, fruto do amor. Se o menino ficasse com ele, Anna Mikhailovna poderia vê-lo de vez em quando e talvez se apegasse a ele mais ainda. Mas será que Ksenia concordaria em ficar com o bebê? E, se concordasse, ele admitiria que ela educasse o filho bastardo? É claro que tais questões eram puramente morais, porque a esposa nunca saberia a verdade. Mesmo assim, ele vacilava e algo parecido com vergonha mexia-se em seu coração.

Quando Ivan Fiodorovitch entrou no dormitório, Ksenia já estava dormindo profundamente. Ao pé da cama estava o carrinho. Ele parou, indeciso e embaraçado. Depois, sorrateiramente, aproximou-se do carrinho e se inclinou. Olhando atentamente para o bebê, pensou com medo que seu segredo poderia ser revelado por uma semelhança traiçoeira. Mas não pôde perceber nada ainda e foi para a cama, com um suspiro contente e preocupado ao mesmo tempo.

Quando Ivan Fiodorovitch acordou, Ksenia já estava de pé. Ele a encontrou com o carrinho em seu *boudoir*, e sorriu. Abraçando a mulher, observou:

— Estou vendo, querida, que um boneco vivo a diverte bastante; mas não se esqueça que logo teremos o nosso.

— Lembro-me disso! No entanto, se você permitir e se o bebê não lhe trouxer muitos gastos, gostaria que ele ficasse aqui. Tenho dó dessa pobre criança abandonada! O espaço do meu vestiário será suficiente para ele. Lá tem algumas arcas que podem ser levadas para o galpão.

— Não tenho nenhum motivo especial para me opor à sua vontade. O dinheiro que essa criança trouxe consigo é o bastante para seu sustento e sua educação. De modo que sua presença em nossa casa não trará nenhum prejuízo financeiro para nós. Mas considero meu dever preveni-la de que será pesado para você criar dois bebês. Eu a conheço tão bem que nem por um minuto posso duvidar que você se entregaria de corpo e alma a esse trabalho.

— Deus me ajudará a educar os dois. Não sou capaz de largar esta pobre e inocente criatura — respondeu Ksenia, levantando para o marido seus lindos olhos claros.

— Que assim seja! Agora mesmo vou avisar à polícia sobre a criança abandonada em nossa casa e sobre nossa decisão. Depois, vou visitar o médico e pedir que nos recomende uma ama. Eu lhe dou já o dinheiro e depois do chá você pode ir fazer as compras de tudo que é preciso. O tempo está lindo e você vai se distrair. Mas leve nossa vizinha, não quero que vá sozinha.

A bondosa dona Charlota Ivanovna concordou com prazer em acompanhar sua jovem amiga e, com aparente calma, escutou o relato sobre o acontecido na noite anterior. Mas, à tarde, quando ficou a sós com o marido, expressou-lhe a suspeita que a inquietava tremendo de indignação.

— Ponho minha mão no fogo se o canalha do Ivan Fiodorovitch não for o pai daquele menino, cujos olhos negros, com certeza, foram herdados dele. Não acredito que pessoas desconhecidas o tenham deixado aqui e com tanto dinheiro. Não acredito, porque esse egoísta, que não suporta perto de si nenhum ser vivo o importunando, concordou muito generosamente em ficar ouvindo o choro de uma criança alheia. Não e não! Aquela criança é seu filho ilegítimo e ele teve o descaramento de impô-lo à sua mulher. Só a coitada da Ksenia não suspeita de nada!

Ivan Fiodorovitch resolveu fazer uma visita a Sofia Borissovna para comunicar a ela e à princesa sobre o sucesso do empreendimento. Mas antes de se dirigir à casa de campo, pensou melhor e resolveu se informar primeiro se Dorobkovitch estava na cidade. O parto prematuro permitia supor casos inesperados. Além disso, não lhe agradava nada a perspectiva de suportar durante o dia inteiro uma mulher doente, nervosa e chorosa, como estava a princesa nos últimos dias.

Ele teve sorte. Sofia Borissovna chegara a Petersburgo pela manhã e ainda estava em casa.

— E aí? Recebeu tudo direitinho? Conte-me como foi que tudo aconteceu? — perguntou Sofia Borissovna, logo que ficaram a sós.

— Tudo em ordem. Minha mulher sentiu tanta pena do bebê e o achou tão simpático que não quis entregá-lo a estranhos e vai criar o meu filho — respondeu baixinho Ivan Fiodorovitch.

A senhora Dorobkovitch caiu numa gargalhada tão cínica, tão cheia de ironia e de satisfação maldosa, que, apesar de sua falta de escrúpulos, Ivan Fiodorovitch se ofendeu. Algo parecido com vergonha mexeu-se em seu coração egoísta e, provavelmente pela primeira vez na vida, ele se sentiu ultrajado, pois a dignidade e o coração bondoso de sua inocente mulher foram cruelmente burlados.

Sofia Borissovna se deu conta de que dera um passo em falso e, com a habitual flexibilidade, mudou a tática.

— Meu Deus! Como está nervoso hoje, meu querido amigo! — exclamou com um sorriso alegre. — Estou longe de querer caçoar da... da ingenuidade da senhora Guerouville. Aquilo que você chama de brincadeira de mau gosto é simplesmente o desejo de que o dinheiro esteja nas mãos do pai, porque, concorde ou não, as obrigações em relação àquele menino são suas também, como serão as da outra criança que vocês estão esperando.

Ivan Fiodorovitch mordeu os lábios e nada respondeu. Depois de um curto silêncio, ele mudou de conversa e perguntou, em inglês:

— Como está a saúde de Anna Mikhailovna? Parece que o parto estava previsto para mais tarde.

— Sim, para daqui a um mês. Talvez até depois. Mas isso é uma outra história.

Ela, então, contou a ele sobre a carta do príncipe e acrescentou:

— Foi justamente esse choque que provocou o parto prematuro, que foi oportuno, aliás, pois se Gregori a visse grávida, faria um escândalo terrível.

— E ele não chegou ainda?

— Não, deve chegar só amanhã. Ontem recebemos um telegrama dizendo que ele parou em Moscou por dez dias. Realmente, Anna teve muita sorte. Esse adiamento inesperado lhe dará tempo para se recuperar.

A paz entre os dois foi restabelecida. Tomaram juntos o café da manhã e Ivan Fiodorovitch partiu, prometendo fazer uma visita à princesa.

No domingo, o tempo estava maravilhoso. Ivan Fiodorovitch resolveu dar uma chegada a Gatchino para ver a mãe e lhe contar sobre a criança.

As duas mulheres já haviam-se adaptado à nova residência. Não se sentiam nada mal, graças ao conforto da casa mobiliada, com um grande jardim, e à paz que reinava entre ambas.

Anastácia também mudara para melhor, longe da influência de sua querida mamãe e sob os cuidados da alemã rigorosa. Ela se desfez da maior parte dos caprichos e adquiriu modos mais decentes.

Quando, depois do almoço, foi servido o café na varanda, Ivan Fiodorovitch, acendeu um cigarro e fez uma observação:

— Sem a querida Júlia, vocês vivem como num paraíso!

— Ora, você sempre foi severo com ela! Você e Richard implicam com Júlia por tudo que acontece de ruim no mundo — objetou, em tom ofendido, Maria Nikolaevna.

— No mundo não, mas nesta família sim! Não era ela quem provocava todas as brigas? E quem perseguia Richard e o caluniava? Quem pensava apenas em roupas, prazeres e aventuras amorosas e estragava Anastácia? Para a menina, foi uma sorte a mamãezinha querida ter ido embora. Assim, ela não será uma segunda edição da mãe — respondeu calmamente Ivan Fiodorovitch.

Ao notar a irritação das duas damas, ele começou a falar de coisas mais amenas e, rindo, lhes contou que havia sido deixada uma criança em sua casa e que Ksenia teve dó de entregá-la a um orfanato e queria criá-la.

Um descontentamento mal contido por parte de Cleópatra Andreevna e de sua mãe caiu sobre Ksenia, e as duas censuraram severamente a fraqueza de Ivan Fiodorovitch, que havia cedido ao capricho daquela idiota sentimental, daquela miserável que impôs mais um fardo ao marido e não entendia a responsabilidade que estava assumindo.

Voltando de Gatchino, Ivan Fiodorovitch encontrou no trem um oficial conhecido que ia a Petersburgo se divertir e que facilmente convenceu Ivan a lhe fazer companhia. Os dois passaram o tempo de maneira muito agradável num dos parques de diversões nas imediações da cidade e jantaram em companhia de duas atrizes muito coquetes.

Já eram cinco horas da manhã quando Ivan Fiodorovitch finalmente voltou para casa. Para sua grande surpresa, viu que muitas das janelas estavam iluminadas. Na entrada, esperava-o Jossef que lhe contou que Deus o havia presenteado com uma menina. Ele informou ao seu senhor que o médico já tinha ido embora e que sua mulher estava com a parteira e com Charlota Ivanovna.

— Oh! Meu Deus! Que desgraça ter perdido o trem de Gatchino! Mas como foi que tudo isso aconteceu? — perguntou Ivan.

— Às três horas da tarde a senhora Ksenia sentiu-se mal. Dária chamou dona Charlota, que cuidou de tudo. O senhor Karl foi buscar o médico e a parteira e comprou na farmácia tudo que era preciso. Dona Charlota não deixou a senhora nem por um minuto. Graças a Deus, tudo correu bem.

Ivan Fiodorovitch fez uma farta refeição. Sentia a cabeça pesada e caía de sono e, por isso, suspirou com sincero alívio quando soube que Ksenia estava dormindo. Disse para Dária que ia descansar um pouco em seu escritório e pediu que o chamassem assim que a esposa acordasse.

Dez minutos depois, ele roncava alto, esquecendo-se totalmente de sua dupla paternidade.

Quando se levantou já era tarde. Ksenia não permitiu que o acordassem. Com tranquilidade melancólica, ela recebeu suas manifestações de alegria e amor. O instinto infalível de seu coração sentia a frieza e a indiferença por trás das pródigas palavras ternas. Ksenia tinha certeza de que tudo que o marido lhe dizia para justificar sua ausência era mentira.

Capítulo 10

A partir daquele dia, começou uma nova vida para a jovem mulher. O vazio e o tédio que antes a atormentavam, sumiram totalmente. Dois pequeninos seres, dos quais ela cuidava com a mesma ternura, ocupavam todo o seu tempo; as horas pareciam minutos e ela quase não notava as constantes ausências de Ivan Fiodorovitch, que se tornaram mais frequentes e prolongadas.

Ksenia convidou o pai adotivo para ser o padrinho de sua filha Olga. Ele chegou e passou dois dias em longas conversas com Ksenia, mas, quanto a Ivan Fiodorovitch, tratava-o com uma cortesia bastante fria e, apesar de todos os esforços deste, permanecia reservado e evitava o diálogo. Antes de voltar para Moscou, deixou para a filha uma considerável quantia em dinheiro. Desde então, sua correspondência com Ksenia tornou-se ainda mais ativa e amigável.

Durante os dois anos seguintes, nada de importante aconteceu. Aliás, pequenos desgostos nunca faltaram e muitas vezes eram provações duras para a paciência e o ânimo de Ksenia.

Naqueles raros minutos que Ivan Fiodorovitch passava em casa, costumava ser implicante e irascível, tornando-se mais ranzinza a cada dia. Isso acontecia não por ele ser avaro, mas porque, gastando muito consigo mesmo, tinha de reduzir o orçamento da casa.

Sem as providências generosas de Richard, Ksenia e as crianças estariam privadas do mínimo necessário. Cada vez que a jovem mulher fazia algum pedido ao marido, este, invariavelmente, respondia que o dinheiro que lhe dava era suficiente para sustentar a casa e que, para satisfazer seus caprichos, podia usar os dois mil e quatrocentos rublos que recebia por ano do pai adotivo.

Ofendida e indignada, a jovem mulher se arranjava como podia, mas quando as crianças ficavam doentes os gastos eram bem maiores, o orçamento estourava e ela se via obrigada a fazer dívidas. Para conseguir equilibrar a situação, ela se privava de tudo, mas não permitia que faltasse o mínimo de conforto às crianças. O amor e o apego dos filhos recompensavam-na por todos os seus sacrifícios.

Embora raramente, ela recebia correspondências de Richard que, como um raio de Sol, iluminava sua vida triste e monótona. Ele contava de sua viagem com entusiasmo: descrevia a aventura das caçadas, falava de suas pesquisas científicas que o absorviam muito e expunha seus planos para o futuro. Por algumas horas, Ksenia esquecia-se de tudo e compartilhava a vida do homem a quem considerava seu gênio do bem. No entanto, quando pensava em Richard naquelas longas horas de solidão, um sentimento amargo apertava-lhe o coração.

"Ele vai me esquecer! Quantas mulheres lindas, encantadoras e... livres ele não encontra durante sua viagem? Elas podem amá-lo, enquanto eu estou condenada a continuar aqui com meus grilhões de escravidão".

Mas esses momentos de ciúmes eram raros e, quando surgiam, Ksenia se envergonhava e beijava a carta, sussurrando:

"Seja feliz, Richard! Ame e seja amado, você merece! Vou rezar por você e cumprir meu dever de educar as duas crianças que Deus enviou para preencher minha vida."

❁ ❁ ❁

O último inverno trouxe um infortúnio inesperado. Boris, aos três anos, teve escarlatina. Apesar da rapidez com a qual Ksenia separou as crianças, Olga foi contagiada e seu estado tornou-se tão grave que o médico temia por sua vida. Foi uma época terrível. Incansavelmente, dia e noite, Ksenia ficava de vigília junto às crianças. Boris já estava se recuperando, mas o estado de Olga se agravava e ela corria risco de vida.

No começo, Ivan Fiodorovitch demonstrava muita preocupação e ajudava a mulher a cuidar das crianças, mas, à medida que a doença se prolongava e os gastos aumentavam, seu humor piorava. Então, tornou-se novamente irritadiço e sumia de casa para se refrescar do ambiente hospitalar que lá reinava.

Foi num desses dias penosos que Ksenia pegou a caixinha deixada por Richard para caso de extrema necessidade e o dinheiro encontrado lá tirou-a do apuro. Finalmente, o perigo foi vencido e Olga sobreviveu. Mas as forças de Ksenia esgotaram-se a ponto de ela quase cair de cama. Mas isso não aconteceu. A jovem mulher estava apenas fraca e nervosa e, ao chegar o verão, o médico recomendou que ela e as crianças mudassem de clima e fossem passar um tempo perto do mar.

De comum acordo, foi escolhida a praia de Gapsal[1] como o melhor lugar para o veraneio. Na segunda metade de maio, Ksenia viajou para lá com as crianças, uma babá alemã e Dária. Ivan Fiodorovitch permaneceu em Petersburgo, usando o serviço como pretexto. No fundo, Ksenia estava contente com a idéia de passar três meses num lugar calmo e isolado, e realmente sentiu-se muito bem por lá. As crianças também recuperaram as forças e a saúde. Elas brincavam na areia, catavam conchinhas e pedrinhas sob o olhar de Ksenia. Eram dois lindos anjinhos e aos ouvidos da jovem mãe chegavam muitas palavras de admiração.

Ksenia ocupava uma modesta casa com jardim perto da praia e ao lado de uma mansão luxuosa, cuja torre colorida se destacava no fundo verde do parque que a cercava.

Dária contou a sua senhora que lá morava a concubina de um rico negociante. Mas tal informação pouco interessou à senhora Guerouville, que não chegou a conhecer aquela dama, apenas reparou de longe na cor gritante de suas "toilettes". Ksenia nem suspeitava que estava sendo vigiada por ela com muito interesse.

O verão passou calmo, sem incidentes. Chegou agosto e a hora da partida se aproximava. Mas, como o outono estava quente e ensolarado como se fosse julho, Ksenia decidiu prolongar sua estada em Gapsal.

Desde o inverno ela sofria de enxaquecas, resultantes de seu esgotamento físico e nervoso. Um dia, acordou com uma terrível dor de cabeça e precisou ficar em repouso absoluto. Depois do café, mandou a babá Rosália levar as crianças para passear na praia até a

---

1 Gapsal - Cidade distrital e porto do Mar Báltico da província de Estliandya, na Estônia.

hora do almoço, deitou-se no sofá e pediu a Dária que fechasse as cortinas e não a incomodasse.

Um bulício a tirou de seu cochilo. Com estranheza e irritação ela começou a prestar atenção: parecia que a babá contava algo a Dária com voz chorosa e entrecortada. De repente, ela ouviu claramente a frase:

— Não consigo achar a criança em lugar nenhum!

Como se levasse um choque elétrico, Ksenia pulou do sofá e correu para o quarto contíguo. Lá estava Rosália, aflita, com manchas vermelhas no rosto, e Dária, que parecia estar muito assustada. Num canto estava Boris, tímido e calado.

— Onde está Olga?! — gritou Ksenia com voz rouca.

— Não entendo o que aconteceu... juro que não tenho culpa, mas não sei onde ela está — balbuciou a babá alemã, pálida e tremendo toda.

Ksenia Aleksandrovna cambaleou e se encostou na parede. Depois, dominada pela ira, gritou:

— Não sabe?! Então onde estava? Com o que estava tão entretida para que uma criança confiada a você pudesse sumir?

— Não me afastei das crianças. Uma rajada de vento arrancou o chapéu de Olga e eu corri atrás dele. Quando voltei, a menina não estava mais lá... procurei por toda parte em vão e...

— Dária! Vamos correndo procurá-la! — interrompeu-a Ksenia Aleksandrovna.

Tremendo febrilmente, a jovem senhora empurrou Rosália sem mais ouvi-la e saiu correndo, esquecendo-se que estava apenas de roupão e com o cabelo despenteado. Foi uma corrida louca pela praia, depois pelo jardim público e, finalmente, pelas casas das famílias com as quais ela costumava se encontrar na praia. Ninguém sabia de nada. Algumas senhoras, voltando para casa, viram a menina brincando na areia. Todos se juntaram à busca. A notícia sobre o desaparecimento da criança correu por Gapsal inteira, causando surpresa e horror. Porém, todas as buscas foram inúteis. A mãe infeliz, desfalecida, foi levada para casa.

Vendo que sua ama não voltava a si, parecendo estar morta, Dária correu para chamar o médico. Depois, mandou um telegrama para Ivan Fiodorovitch comunicando a desgraça e suplicando que fosse para Gapsal.

Ivan Fiodorovitch estava se vestindo para ir à cidade de Pavlovsk[2] quando lhe entregaram o telegrama que o deixou abalado. Apesar de seu egoísmo e da paixão por distrações, ele amava as crianças. Gostava de brincar com elas quando estava em casa e sua predileta era justamente Olga. Era sua filha legítima; além disso, tinha bom caráter e era mais desenvolvida. Já Boris era desobediente, caprichoso e de humor instável.

A imagem viva da pequena menina, com grandes olhos azuis, lindos cachos pretos e um sorriso brejeiro nos lábios rosados, surgiu diante de Ivan. A hipótese de perdê-la para sempre apertou-lhe o coração como uma dor tenaz. Imediatamente ele mandou Jossef fazer sua mala e foi para Gapsal no primeiro trem.

Quando entrou na casa da praia, Ivan Fiodorovitch deu de cara com o médico, que estava de saída. Este lhe explicou que a saúde mental da paciente estava em perigo. O aspecto de Ksenia só confirmava o receio do médico. Mortalmente pálida e com o olhar vago e distante, repetia sem cessar o nome da filha. Era noite e ela acabara de voltar de uma das correrias que fazia desde a manhã, procurando a criança; estava toda que-

2 Pavlovsk - Pequena cidade próxima a São Petersburgo.

brada, com as pernas trêmulas e totalmente transtornada. A aparição do marido produziu nela uma reação benéfica, despertando uma ponta de esperança.

— Ivan, Olga desapareceu! — gritou ela, estendendo-lhe as mãos.

Em sua voz, percebia-se um desespero tão lancinante que até Ivan se comoveu profundamente, abraçando-a com sincera ternura e compaixão.

Algumas lágrimas brotaram em seus olhos quando ele disse:

— Minha pobre Ksenia, não perca a coragem! Farei tudo que é possível para encontrar nosso querido anjinho e espero que Deus nos ajude.

Ksenia não respondeu. Apenas apertou a cabeça contra o peito do marido. E, de repente, rompeu-se aquele anel de ferro que durante dois dias espremia seu coração e sua mente, dando vazão às suas abundantes e amargas lágrimas. Ivan Fiodorovitch deixou-a chorar à vontade. Sentiu que as lágrimas podiam recuperar sua razão.

Passada a primeira explosão de emoções, Ivan, atencioso, disse à sua mulher:

— Vá para a cama, minha querida! Tente dormir pelo menos um pouco. Vou à polícia imediatamente. É preciso contratar detetives dos melhores, prometendo a eles uma recompensa à altura. Isso já deveria ter sido feito. Mas espero que nem tudo esteja perdido.

Ao sair do quarto de Ksenia, Ivan Fiodorovitch encontrou Rosália indo passear com Boris no jardim. Foi tomado por verdadeira cólera vendo a pessoa que, com sua negligência, causara aquela desgraça.

— Sua cafajeste! Por sua falta de cuidado minha filha desapareceu! — gritou ele. — Saia já desta casa! Quero que dentro de dez minutos suma daqui com suas coisas, ou não me responsabilizo por meus atos e esmago você como um verme!

— Eu não tenho culpa e não admito que me ofendam! — gritou a alemã, enrubescendo.

— Mais uma palavra e eu a entrego à Justiça! É lá que você terá de provar sua inocência! — objetou Ivan Fiodorovitch com um olhar tão severo que a babá se calou e correu para juntar as suas coisas.

Quinze minutos depois, ela deixou a casa de praia.

Apesar de todos os esforços, as buscas não levaram a nada. Olga havia desaparecido sem deixar rastros.

Boris era muito pequeno ainda e, naquele momento fatídico, estava brincando. Só soube dizer que não ouvira a irmã gritar. A única suposição que restava era a de que Olga tinha se afogado e que seu corpo tinha sido levado pelas ondas, uma vez que o vento era muito forte naquele dia. Diziam até que ciganos rondavam o lugarejo, mas ninguém sabia nada de concreto.

O médico recomendou que retirassem Ksenia daquele lugar cheio de más recordações. Por isso, depois de duas semanas de buscas infrutíferas pela filha, Ivan Fiodorovitch voltou com a esposa para Petersburgo.

Ao entrar no quarto, onde tudo lembrava a filha perdida e ao ver sua caminha, Ksenia caiu como se tivesse sido fulminada. Depois de algumas horas, quando a jovem mulher abriu os olhos, não reconhecia ninguém; estava com meningite.

Durante três semanas, a vida de Ksenia ficou por um fio. Em seus delírios, ela não parava de chamar pela filha. Ora se via no fundo do mar procurando por Olga, ora correndo atrás dos sequestradores, sem conseguir alcançá-los. Depois, entrava numa letargia e era muito difícil fazê-la sair desse estado.

Porém, a natureza forte e sadia da jovem mulher triunfou. Mas a recuperação era estranhamente lenta e todo seu ser sofrera uma grave metamorfose. Perdeu todo interesse pela vida. Passava os dias apática e sombria, os afazeres domésticos tornaram-se um peso para ela.

Também mudou seu sentimento em relação a Boris. A indiferença e a frieza sucederam-se à antiga ternura. Não afastava o menino quando ele chegava perto dela, colocando a cabecinha em seus joelhos procurando carinho, mas também não respondia àquela manifestação de amor e não percebia o espanto e o medo que surgiam nos olhos da criança inocente.

Se sua filha tivesse morrido e ela pudesse rezar em seu túmulo, aceitaria com resignação a vontade de Deus, dizendo: "Deus dá, Deus tira!" Mas o que indignava e levava ao desespero a dolorida alma de Ksenia era aquela cruel ironia do destino, que retribuía a sua bondade tirando dela sua própria filha e deixando o filho de outros. Aquela criança alheia gozava de cuidados e conforto, enquanto Olga podia estar perambulando, com fome e frio. Quem sabe se não caíra nas mãos de mendigos que a mutilaram e a cegaram, como numa história que Ksenia havia lido. Só de imaginar isso, seu corpo gelava e tremia. Quando dava o mínimo de atenção a Boris parecia que estava roubando o carinho da pobre Olga.

No início da recuperação de Ksenia, Ivan Fiodorovitch procurava consolar a esposa e diverti-la com prazeres mundanos, mas ela era inacessível. Entregue a um só pensamento, evitava pessoas e diversões fúteis. Ao marido, faltava sensibilidade e paciência para curá-la com a força de seu amor. O papel de consolador logo cansou Ivan Fiodorovitch. Além disso, o constante desespero da mulher e sua apatia silenciosa e sombria davam-lhe nos nervos. Graças à leviandade, que era sua principal característica, pouco a pouco ele foi-se acostumando e acabou se esquecendo dela em meio aos afazeres e às diversões de sua vida.

❀ ❀ ❀

> Minha senhora, acredito que seu esposo ficaria muito grato a quem lhe contasse essa interessante parte de sua vida: O filho bastardo de sua esposa se chama Boris e está sendo criado pelo pai verdadeiro com todas as honras. Mas não acho que a mulher de seu amante o agradeceria se soubesse com que descaramento ela é obrigada a criar o filho bastardo do próprio marido.
>
> Minhas palavras provam que conheço os detalhes mais íntimos de seu segredo e cabe a mim usá-los como achar melhor. Mas gostaria de ser generosa e prometo silêncio eterno se a senhora me destinar um cheque de dez mil rublos, que deve ser enviado para uma caixa postal em nome da pessoa que está no envelope anexo. Se dentro de uma semana a quantia indicada não estiver em minhas mãos, procurarei o senhor D.3 e a senhora K. A.4 e, com os documentos em mãos, contarei tudo sobre seu filho. Aviso ainda que, se a senhora tiver o descuido de mostrar esta carta à senhora S. B. D.,5 ou tentar descobrir minha identidade, os documentos, que estão guardados em lugar seguro, serão imediatamente entregues ao destinatário.

---

3 D. - Senhor Dorobkovitch.
4 K.A - Ksenia Aleksandrovna.
5 S.B.D. - Sofia Borissovna Dorobkovitch.

A carta não estava assinada, mas sua leitura chocou tanto Anna Mikhailovna que ela perdeu os sentidos. Para sorte da princesa, essa cena foi presenciada apenas por sua velha e fiel camareira. Quando voltou a si, Anna Mikhailovna não pensou duas vezes em satisfazer a exigência da chantagista anônima que descobrira o seu segredo.

Júlia Pavlovna, ao receber a considerável quantia, obtida de maneira tão sórdida, resolveu viajar imediatamente ao exterior. Agora ela podia se divertir, pois tinha a certeza de ter achado uma mina de ouro, de onde podia extrair tudo o que precisasse.

Ela não queria brigar com suas parentas e muito menos revelar-lhes a elas a fonte daquele dinheiro. Por isso, inventou que tinha recebido uma carta de uma amiga rica e doente que morava em Berlim, pedindo que ela a acompanhasse a Paris, com todas as despesas da viagem pagas. Júlia Pavlovna declarou que não podia recusar tal favor a uma amiga doente e ainda conseguiu tirar das duas mais cento e cinquenta rublos para não ficar sem um tostão, e bateu asas, alegre como um passarinho.

Esse acontecimento teve consequências muito tristes para Anna Mikhailovna. Depois de sofrer essa terrível comoção, ela teve uma expectoração sanguínea e, a partir desse dia, sua saúde começou a piorar com uma rapidez assombrosa. O constante medo e a preocupação agravavam mais ainda o seu estado. Qualquer carta recebida a fazia tremer só de pensar que poderia ser novas exigências por dinheiro. Durante longas noites de insônia, quebrava a cabeça em vão, tentando descobrir o nome da cretina que havia descoberto o seu segredo.

A indiferença gélida do marido e o olhar severo e desconfiado que lançava sobre ela provocavam um pavor misturado com ira e feriam o seu amor-próprio. Em compensação, todo apego e carinho que o seu coração era capaz de sentir ela transferiu para o filho e para Ivan Fiodorovitch.

Segundo o acordo matrimonial, em caso de morte, toda a sua fortuna passaria para o marido. Mas, por ódio ao príncipe e querendo deixar pelo menos uma parte para o filho, ela inventou um plano e o executou em seguida.

Sob o pretexto de consultas médicas, Anna Mikhailovna foi a Paris, onde mandou substituir por imitações todas as pedras preciosas de suas jóias, vendeu as verdadeiras por quinze mil rublos e trouxe o dinheiro consigo para Petersburgo. A viagem, feita no inverno, prejudicou muito a saúde da princesa e era claro que seu fim estava próximo. Juntando suas últimas forças, Anna Mikhailovna convidou Ivan Fiodorovitch para um encontro na casa de Sofia Borissovna e teve uma conversa importante com ele.

Declarando o desejo de assegurar o futuro de Boris, ela entregou a Ivan Fiodorovitch cento e setenta e cinco mil rublos e um bilhete de empréstimo estatal, acrescentando:

— Herdei este bilhete de minha falecida mãe e ninguém sabe de sua existência. No último sorteio, ele foi premiado com setenta e cinco mil rublos. Pegue-o e apresente-o no banco como sendo seu. Com isto, sem provocar suspeitas, poderá explicar a mudança de sua situação financeira. Você pode dispor dos juros do capital a seu critério, mas prometa que deixará para Boris o capital intacto. Além disso, quando o menino crescer, irá entregar a ele seis mil rublos por ano. Aqui nesta folha expressei esta minha última vontade. Jure que será para você um dever sagrado!

Perplexo, Ivan Fiodorovitch se recusou terminantemente a receber aquela soma tão grande, mas acabou por aceitar e jurou solenemente que cumpriria todas as ordens de sua amante.

Tudo se arranjou sem nenhuma complicação. A notícia do prêmio de setenta e cinco mil rublos se espalhou rapidamente pela sociedade. Choveram cumprimentos e todos se acostumaram com a idéia de que Ivan Fiodorovitch era uma pessoa rica ou, pelo menos, abastada.

Anna Mikhailovna não viveu muito. Ela morreu exatamente seis meses depois da partida de Júlia Pavlovna para o exterior.

Capítulo 11

O enriquecimento inesperado do marido não impressionou Ksenia nem um pouco. O que significava para ela aquela riqueza, se sua filha talvez pudesse estar pedindo esmola na beira da estrada?

Aquela indiferença acabou com o último resquício de simpatia que Ivan Fiodorovitch sentia por ela. Ele, então, declarou que estava farto de ver uma Níobe[1] chorosa e que queria ter como esposa uma mulher viva e não uma rocha e, ainda, que ela não era a primeira e nem seria a última mãe a perder um filho.

Tal discurso surtiu um efeito duplo: por um lado, tirou a jovem mulher do torpor. Por outro, despertou nela uma tempestade de ódio àquele homem desalmado que não queria nem mesmo entender sua justa aflição e, por um minuto, surgiu a idéia de se separar dele.

Mas Ksenia Aleksandrovna logo abandonou aquela intenção. Na verdade, o que ela faria com a liberdade? Sua desgraça e sua vida arrasada sempre a perseguiriam e era muito provável que Ivan Fiodorovitch, ape-

1 Níobe - Figura da mitologia grega. Orgulhosa pela sua prole numerosa, ofendeu Letona, mãe de Apolo e de Diana que, por vingança, mataram-lhe os filhos, deixando-a petrificada de dor.

nas por raiva, a mantivesse presa. Mas, a partir daquele dia, ela começou a dissimular seu verdadeiro estado.

No final do outono, a jovem mulher teve uma surpresa muito desagradável. Um dia, Ivan Fiodorovitch lhe contou que tinha comprado uma casa na ilha de Vassilievski e que a família se mudaria para lá logo que a reforma terminasse.

— É muito incômodo para mim viver tão longe da cidade e onde não posso receber ninguém.

Sem nenhuma palavra de objeção, Ksenia Aleksandrovna, com o coração pesado, começou a se preparar para abandonar a casa cheia de lembranças para ela. Ali, em cada quarto, em cada vereda do jardim, ela podia visualizar o pequeno rostinho radiante, o riso argênteo e as brincadeiras inocentes de seu tesouro perdido. Quando empacotava os brinquedos e olhava para os móveis infantis, parecia que estava perdendo sua querida Olga pela segunda vez. Uma saudade enorme apertava o seu coração.

Sua nova casa era linda e espaçosa. Ivan Fiodorovitch mobiliou-a com luxo e requinte. Contratou numerosa criadagem e sugeriu a Ksenia que comprasse roupas elegantes, pois ele pretendia receber seus chefes e amigos.

Ksenia Aleksandrovna teve de aceitar uma nova vida, barulhenta e desregrada, para sua enorme tortura. Já não precisava contar cada tostão e fazer dívidas nas vendas; o constante tumulto, a presença de pessoas estranhas e a necessidade de fazer visitas e ainda recepcionar convidados em casa irritavam a jovem mulher, que não tinha nenhum interesse pela sociedade. Ivan Fiodorovitch, ao contrário, tornou-se mais jovial e mais leviano do que nunca. Suas lembranças de Olga se limitavam a um grande retrato que mandou fazer de uma foto e que colocou num cavalete em seu escritório.

Quanto a Boris, Ivan Fiodorovitch parecia idolatrar o menino: comprava-lhe roupas caras e o estragava com mimos. Perfilhou-o oficialmente e contratou uma governanta francesa para cuidar dele.

Assim passou-se o inverno. Na primavera, a avó de Ivan Fiodorovitch ficou gravemente doente e, depois de três meses de sofrimentos, morreu, o que causou um grande aborrecimento ao seu estimado neto, que pretendia ir para o exterior e, para seguir as regras dos bons costumes, se via obrigado a adiar a viagem.

Finalmente, a velha senhora foi enterrada com solenidade e, duas semanas depois, em agosto, Ivan Fiodorovitch viajou com o amigo Dorobkovitch, tirando férias de dois meses. Pretendia fazer um tratamento em Vichy[2] e depois passear pela Itália. É claro que nem cogitou levar consigo a mulher!

❁ ❁ ❁

Era uma noite fria e enevoada. Ksenia Aleksandrovna estava pensativa no sofá de seu ***boudoir***. Proibiu que acendessem as luzes porque a escuridão e o silêncio acalmavam os seus nervos. Desde a partida do marido ela não recebia ninguém e vivia do passado. Neste dia, porém, Ksenia estava especialmente triste. A chuva monótona de outono batia nas janelas, o que aumentava ainda mais seu estado melancólico. Pensava muito em Richard e se preocupava com o silêncio dele, pois já havia dois anos que ele não dava notícias.

Mesmo quando ela lhe escreveu contando o desaparecimento da filha, não obteve resposta. Torturava-a

2 Vichy - Famosa estância hidromineral da França.

a idéia de que tivesse acontecido alguma desgraça ao amigo magnânimo. Ainda por cima, seu pai adotivo não lhe respondera às duas últimas cartas; ela, então, estava decidida a ir a Moscou para saber notícias dele, se até o dia seguinte não recebesse nenhuma correspondência.

Mal tomara tal decisão e o lacaio entrou lhe trazendo uma carta. Ela se levantou rapidamente, abriu o pacote e acendeu a luz. Ksenia viu com surpresa que era uma mensagem volumosa de cinco ou seis folhas, com escrita miúda e desconhecida. Olhando para a assinatura, leu: Júlia Golzman. Só então pegou o envelope e viu que era uma carta para Ivan Fiodorovitch com o endereço antigo da ilha de Krestovski. Havia também inscrições duplamente sublinhadas: "Importantíssimo" e "Em Mãos".

Ksenia ficou indecisa. Sentiu-se mal por ter aberto uma carta alheia, mas não tinha culpa, porque Ivan costumava receber a correspondência dele no Ministério. No entanto, ela continuou segurando a carta nas mãos, pois as últimas linhas provocaram nela curiosidade e desconfiança. Júlia escrevia:

> Espero, meu querido Ivan, que seja prudente e não se recuse a dividir seu dinheiro comigo, pois aposto que recebeu uma boa herança. Caso contrário, dou-lhe minha palavra, revelarei tudo à sua mulher.

O que podia significar aquela ameaça e de que herança ela estaria falando? Ksenia Aleksandrovna abriu a primeira página. Afinal, tinha o direito de saber o que escondiam dela e o que tinha aprontado sua cara metade. À medida que lia, seu rosto mudava de cor e, ao terminar, caiu arrasada no sofá. Instintivamente, Ksenia apagou a luz. Precisava da escuridão para juntar as idéias, refletir e tomar uma decisão. Além do mais, era necessário esconder da criadagem todo o seu transtorno, porque, desde o sumiço de Olga, não se desencadeava tanta tempestade em seu coração.

A respeitável Júlia de novo não tivera sorte no exterior. No começo, divertiu-se bastante e esbanjou muito dinheiro. Seu primeiro aborrecimento foi a morte da princesa, cuja notícia ficou sabendo por sua correspondente Zóia Dimitrievna, a quem tinha dado parte do fruto de sua chantagem. Depois, soube que Ivan Fiodorovitch ficara rico e mudara-se da ilha de Krestovski.

A astuta Júlia Pavlovna logo chegou à conclusão que a princesa havia passado para o amante uma fortuna destinada ao filho, da qual Ivan estava se aproveitando. Não acreditou na história do sorteio, achando que era simplesmente uma invenção para desviar suspeitas e enterrar a falcatrua para sempre.

"Em todo caso, resta-me Ivan. Se bem que tirar dinheiro dele não será tão fácil quanto de Anna Mikhailovna. Mas, de qualquer maneira, não vai querer que Ksenia saiba de tudo. Por mais boba que ela seja, desta vez, pode haver um escândalo grandioso", pensou Júlia, conformando-se facilmente com o falecimento da princesa.

Pouco tempo antes, Júlia não precisava tanto recorrer àquela fonte. Havia arranjado um amante holandês rico, cujos bolsos esvaziava para satisfazer suas pródigas vontades. Mas acabou por provocar a família dele e, justamente quando havia perdido um bom dinheiro em Mônaco, apareceu o pai do holandês e, com uma rudeza teutônica, pôs fim àquele romance.

Pega de surpresa, Júlia resolveu atacar Ivan Fiodorovitch sem demora. Recorreu ao meio que já tinha dado certo antes. Para provar a Ivan que sabia tudo, até os mínimos detalhes, ela teve a imprudência de revelar ao primo a história dos dez mil rublos, que deixava claro como o dia que a riqueza de Ivan Fiodorovitch era a herança que a princesa havia deixado para o filho ilegítimo. Sem saber de nada sobre a viagem de Ivan Fiodorovitch ao exterior, ela endereçou a carta à casa na ilha de Krestovski, porque assim chegaria às suas mãos mais rápido, já que ele, muito provavelmente, estava de férias.

A carta caiu como um raio fulminante sobre Ksenia Aleksandrovna, que rapidamente saiu da apatia. A tempestade de ira, desprezo e ódio era tamanha, que ela sentia-se sufocada. O cinismo com que foram usados os seus melhores sentimentos, o ultraje aos seus direitos de esposa e a sua dignidade feminina revoltaram a jovem mulher.

Foi obrigada traiçoeiramente não apenas a criar um filho bastardo do marido, como também a viver naquele luxo adquirido com o dinheiro sujo da mulher que não quis Ivan como marido, mas soube fazer dele seu amante. E ele! Permitiu ser dominado pela mulher que o rejeitou e depois aceitou pagamento pelo seu vergonhoso papel. E agora, vazio e cínico, ele se vangloriava daquela infame riqueza!

Um nojo profundo crispou os lábios de Ksenia. Tremendo, ela apertava o coração. Nem mais um dia ficaria naquela casa, onde cada objeto lhe parecia uma ofensa à sua honra. A idéia de ir embora, fugir daquele homem odioso e de seu ambiente não menos odioso acabou por acalmar a jovem mulher. Ela foi para o seu dormitório e se trancou lá para refletir e pensar nas últimas ordens que daria à criadagem.

Duas horas depois, chamou Dária e, com voz

firme, disse que ia à casa do pai adotivo em Moscou e mandou fazer as malas. Depois, escreveu a Ivan Fiodorovitch o seguinte:

> Por acaso, ou pela vontade da Providência, caiu em minhas mãos a carta de sua prima Júlia, que abriu meus olhos, mostrando que papel ultrajante e ao mesmo tempo ridículo desempenho em sua vida. A cópia anexada desta carta lhe explicará claramente os motivos da minha decisão de abandonar sua casa para nunca mais voltar. O original estou levando comigo. Contra pessoas como você, Ivan Fiodorovitch, é preciso ter uma arma. Pode lhe surgir a idéia de me fazer retornar à força, é claro!, e não por amor, pois se casou comigo só por raiva da senhora Nikiforova e para se vingar dela. Não quero usar sua riqueza tão honradamente adquirida, nem criar seu filho ilegítimo.

Ao selar a carta, colocou-a bem à vista sobre a escrivaninha do marido. Empacotou ela mesma todas as coisas que pertenciam a sua filha, inclusive as fotos e o retrato a óleo que tirou do cavalete do escritório. Ivan Fiodorovitch poderia substituí-lo pelo retrato de seu filho bastardo. Era dispensável dramatizar sentimentos por uma criança que ele já havia esquecido.

Naquela noite, Ksenia Aleksandrovna não conseguiu dormir. Passado e futuro misturavam-se em sua mente. Eis o final de seu casamento romântico, a aliança na qual ela entrou cheia de amor, esperança e ilusões.

Solitária, quebrada física e moralmente, privada de tudo, ela voltava à casa do pai adotivo para ganhar o seu pão. Preferia trabalhar a aceitar qualquer coisa de

Ivan Fiodorovitch e, enquanto não encontrasse alguma ocupação, Leon Leonovitch não se recusaria a acolhê-la. Agora ele se tornara mais aberto e terno que antes; o modo com que ele partilhou de sua desgraça conquistou Ksenia definitivamente.

A jovem mulher se levantou cedo. Queria partir no primeiro trem. Quando já estava pondo o chapéu, lembrou-se de Boris. Apesar de tudo, havia nela a compaixão e a simpatia pela criança inocente. O menino não tinha culpa do ultraje que representava para ela. Aquele pequeno ser era muito apegado a Ksenia, a considerava como mãe, apesar da frieza e da indiferença com que ela o tratava desde o desaparecimento de Olga.

Com passos indecisos, Ksenia entrou no quarto de Boris e inclinou-se sobre sua cama. O menino dormia profundamente. Um amargor inexplicável apertou o peito de Ksenia.

"Pobre criatura!", pensou ela. "Você não tem culpa de ter ocupado meu coração e minha casa por um embuste. Nesse momento da minha partida para sempre, não vou tirar de você aquilo que dei de boa vontade. Vou pedir a Deus para que o proteja e o mantenha no caminho do bem. Que Ele não permita que contagiem sua alma e façam de você um homem tão desonrado quanto o seu pai."

Por um instante, Ksenia pôs sua mão sobre o cabelo encaracolado do menino e uma lágrima quente caiu em sua bochecha. O menino sentiu o carinho, agitou-se e estendendo as mãos balbuciou:

— Mamãe!

Ksenia Aleksandrovna deu um passo para trás e saiu correndo do quarto. A palavra "mamãe" sempre atingia seu coração como um punhal. A filha perdida já não podia chamá-la por aquela palavra tão comovente. Nenhuma mão acariciava a cabeça de sua filha e em lugar de uma cama coberta por rendas, ela talvez dormisse num chumaço de palha.

Vendo-se de novo nas ruas de Moscou, Ksenia sentiu uma dor aguda. Foi arrancada dali como uma árvore e levada por uma corrente turbulenta a um destino desconhecido, mas agora voltava ao lugar onde havia crescido para começar uma nova vida, cheia de luta e trabalho, privada de alegria e de esperança.

Seu pai adotivo estava em casa. A alegria terna, embora tranquila, com a qual a acolheu, foi benéfica para a alma atormentada de Ksenia.

Leon Leonovitch tinha envelhecido visivelmente. A causa de seu silêncio era uma doença grave. Com sincera simpatia olhava para o rosto magro e triste da filha adotiva. Quando esta quis lhe contar sobre os motivos que a levaram de volta para casa e da intenção de procurar trabalho, Leon Leonovitch a interrompeu, dizendo simplesmente:

— Querida criança! Vamos deixar para amanhã todas as conversas sérias. Você está voltando à casa paterna. Isso é direito seu e não precisa dar explicações. Seu aspecto mostra muito bem que as causas que a obrigaram a deixar Petersburgo são graves. Você me falará delas depois de descansar e se acalmar. Seu quarto permanece como o deixou. A velha Catarina levará sua bagagem. Coma um pouco e descanse depois.

Emocionada e grata, Ksenia beijou a mão do pai, mas Leon Leonovitch, inesperadamente, abraçou-a e beijou-a na testa.

— Minha pobre criança! Você é mil vezes mais desejada aqui que... Serei feliz se você puder ficar e quiser alegrar meus últimos dias. Trate de se acostumar com a idéia de que aqui você está em casa e não precisa ir a lugar nenhum. Só sua própria vontade pode nos separar.

É difícil descrever o que sentiu Ksenia quando entrou em seu quarto limpo e gracioso, onde seis anos antes ela se entregara a sonhos coloridos que se ruíram tão rapidamente. Comoveu-a o fato de o pai adotivo conservar o seu quarto intacto. Pouco a pouco, ela começou a se sentir mais calma. As lágrimas aliviaram sua terrível tensão e ela dormiu num sono profundo e reconfortante.

No dia seguinte, Ksenia já estava bem mais tranquila. Depois do café da manhã, Leon Leonovitch levou-a para seu escritório e a jovem mulher, sem se emocionar muito, contou sobre as causas de sua fuga e lhe mostrou a carta de Júlia.

— Tudo o que acabo de saber apenas confirma minhas antigas suspeitas; só não quis lhe falar delas — observou Leon Leonovitch, dobrando a carta de Júlia com visível desprezo. Depois, olhando fundo nos olhos de Ksenia, perguntou:

— Diga-me com toda franqueza, minha filha: você ainda ama Ivan Fiodorovitch?

— Oh! Não! Sinto apenas repulsa e desprezo por ele.

— Neste caso, espero que me dê plena liberdade de ação para tirar você dessa peia desonesta. Eu me censuro por ter permitido o seu casamento. Agora chegou o momento oportuno para dissolvê-lo.

— Você quer entrar com um processo de divórcio? Pense só no escândalo que isso irá provocar!

— Vou providenciar para que esse caso seja o menos barulhento possível. Está nos interesses do próprio Guerouville. Se perdermos esta chance de agora você dependerá desse homem para o resto da vida. Acha que ele não vai lhe dar a liberdade?

— Só se for por raiva. Pois nunca me amou e minha presença apenas o incomodava — disse Ksenia, com amargura.

— Eu mesmo vou a Petersburgo conversar com o seu marido. Quando ele volta?

— Dentro de três semanas.

— Perfeito! Por enquanto vamos tratar de nossa vida. Você precisa contratar uma camareira e uma cozinheira. Minha velha Catarina pretende ir para um asilo. Aliás, o camareiro de seu marido não concordaria em trabalhar aqui na nossa casa? É um homem dedicado, gostei muito dele. Eu lhe daria o mesmo salário que ele recebe lá. E como a mulher dele sempre foi sua camareira, você terá uma pessoa conhecida. Temos um quarto ocupado por papeladas e ferramentas velhas. Podemos tirar tudo e oferecer a eles.

— Ótima idéia! Tenho certeza que Jossef e Dária terão prazer em vir para cá. Sou madrinha do casamento e da filha deles. São muito apegados a mim. Além do mais, Jossef ficou ofendido com Ivan Fiodorovitch, porque este levou consigo para a viagem um camareiro francês, deixando-o em segundo plano.

Um mês depois, Jossef e Dária chegaram. Contaram que Ivan Fiodorovitch voltou muito bem-humorado. Mas ao saber da partida da mulher e de ler a carta que ela deixou, ficou furioso. Quando Jossef mencionou a mudança de emprego, ele o expulsou a socos e no mesmo dia mandou-o embora junto com Dária.

Mais tarde, ajudando Ksenia a trocar de roupa, Dária lhe contou que Boris estava muito infeliz e que chorava a falta da mãe, querendo vê-la. Quando ele fez a mesma coisa na presença do pai, este ficou pálido e lhe deu uns tapas. O choro desesperado do menino foi a última coisa que Dária viu e ouviu naquela casa.

Alguns dias depois, Leon Leonovitch foi a Petersburgo e suas negociações com Guerouville deram o resultado desejado.

Ivan Fiodorovitch cansara-se de Ksenia Aleksandrovna havia muito tempo. A constante tristeza da jovem mulher lhe dava nos nervos. Não iria prendê-la só para contrariar Richard, mesmo que este ainda gostasse dela. Além do mais, já havia-se passado tantos anos desde a partida do irmão que provavelmente ele devia tê-la esquecido. Ele próprio queria se ver livre para recomeçar a vida de solteiro, sem o constrangimento que lhe causava a presença da esposa.

Depois de ter relatado à filha o total sucesso de sua missão, Leon Leonovitch acrescentou:

— Minha criança, logo você estará completamente livre. Apenas considero meu dever preveni-la que não é conveniente aceitar o dinheiro de seu ex-cunhado. Escreva isso a seu encarregado de negócios. Tenho dinheiro suficiente para satisfazer suas necessidades. Você é minha única herdeira, portanto, está garantida contra qualquer imprevisto.

Apesar da constante dor no coração ferido, Ksenia, aos poucos, se acalmava e passou a sentir um bem-estar que não experimentava há muitos anos.

Agora estava livre das atitudes grosseiras, dos caprichos e do mau humor de Ivan Fiodorovitch, que sempre a deixavam tensa e nervosa. A mágoa pela indiferença do homem rude que não entendia a profundidade de sua desgraça estava passando. Agora ela podia fazer o que bem quisesse, entregar-se à sua tristeza e agir de acordo com sua vontade, sem se submeter aos caprichos dele. Tudo isso fazia bem a seu espírito e à sua saúde.

Capítulo 12

Num lindo dia de julho de 19... uma carruagem de aluguel parou diante de uma bonita casa da rua Serguievski e dela saiu Richard Fiodorovitch Guerouville, que se apresentou ao porteiro e mandou que ele abrisse o seu apartamento.

— Minha bagagem chegará hoje à noite. No caminho para cá, passei um telegrama ao meu encarregado de negócios. Logo que ele chegar, deixe-o entrar. Enquanto isso, prepare para mim o samovar — ordenou Richard, instalando-se temporariamente no escritório.

O jovem cavalheiro quase não havia mudado depois de passar sete anos e meio viajando. Apenas seu rosto pálido estava bronzeado pelo sol tropical. Da sua figura alta e esbelta emanava a boa saúde que o ar fresco e a vida ativa, cheia de aventuras, proporcionam. Mas, naquele momento, ele parecia preocupado, triste e nervoso e andava impaciente pelo escritório. Só quando ouviu a campainha tocar suspirou aliviado.

Entrou no escritório um marinheiro idoso, seu encarregado de negócios, desculpando-se por não ter preparado o apartamento, pois esperava que ele chegasse mais tarde.

Com sua amabilidade costumeira, Richard declinou de todas as desculpas e mostrou-lhe a poltrona, convidando-o a sentar-se.

— Vamos ao que me interessa mais, que é a ruptura entre meu irmão e a esposa dele. Não sei quase nada sobre o assunto. De sua carta, que recebi no Ceilão[1] e que ficou à minha espera por mais de seis meses, entendi que a maioria de sua correspondência foi extraviada. Durante os três anos e meio que passei no Tibete e no Himalaia fiquei completamente desatualizado. Então, me explique o que aconteceu com minha cunhada para ela ter-se separado do marido e recusado a pequena pensão que você lhe entregava.

— Quer dizer que o senhor não recebeu as cartas que Ksenia Aleksandrovna lhe escreveu quando estava se recuperando da doença depois do desaparecimento da filha?

— Meu Deus! Olga desapareceu! — exclamou Richard, empalidecendo. — Não, não! Nada sabia sobre isso. Na última carta que recebi, minha cunhada comunicava que sua filha e o filho adotivo estavam se recuperando da escarlatina e que ela pretendia passar o verão em Gapsal. Ela escrevia tão raramente que comecei a me preocupar. E de você, só recebi uma carta, cheia de alusões aos acontecimentos que desconhecia; de Ksenia não recebi nenhuma palavra.

— Foi justamente em Gapsal que a criança sumiu. Apesar das buscas, não conseguiram achar nenhum rastro dela. Ksenia Aleksandrovna, naquela época, não morreu por pouco.

— Pobre mulher! — balbuciou Richard, emocio-

1 Ceilão - Antigo nome do Sri Lanka, país insular da Ásia, no oceano Índico, a sudeste da Índia, cuja capital é Colombo.

nado. — E ela se separou de Ivan logo depois dessa tragédia?

— Não, senhor. Eles se separaram dois anos depois, quando Ivan Fiodorovitch ganhou setenta e cinco mil e a família se mudou da ilha de Krestovski.

— Ivan ganhou? — perguntou Richard, surpreso.

— Sim. Esse prêmio de sorteio causou muito falatório. Depois disso, Ivan Fiodorovitch comprou um prédio na ilha de Vassilievski, onde morou com a esposa até a partida dela. Eu soube da ruptura somente quando Ksenia Aleksandrovna me mandou uma mensagem lacônica de Moscou, dizendo que, em vista de sua separação, ela considerava impossível receber a pensão e me pediu para interromper a transferência de dinheiro. Só me restava cumprir o seu desejo. Foi então que escrevi a carta que o senhor recebeu no Ceilão. E depois, quando recebi o seu telegrama de Londres, procurei me informar e soube que o divórcio já estava formalizado, mas não sei absolutamente nada sobre os motivos.

No escritório, instalou-se um silêncio prolongado.

— Eu lhe agradeço, Pavel Antonovitch. Do resto, saberei eu mesmo. Por favor, escreva-me apenas o novo endereço de Ivan. Agora me conte, se é que sabe, como vão minha madrasta, Júlia Pavlovna e sua filha?

— Cleópatra Andreevna continua morando em Gatchino com Anastácia e regularmente recebe sua pensão. A mãe dela, como já sabe, faleceu. Já a respeito da senhora Golzman, não sei absolutamente nada.

❁ ❁ ❁

Ivan Fiodorovitch morava agora em outro apartamento de seu prédio, no andar de baixo. O antigo tornara-se odioso para ele, não por lamentar a ida de Ksenia, mas porque lhe trazia más lembranças: a conversa desagradável com Leon Leonovitch, o processo de divórcio e o trabalho que lhe dava Boris, cuja presença e criação já haviam-no cansado também. Inicialmente, ele até pensou em convidar sua mãe para cuidar da casa e do menino. Mas logo desistiu da idéia. Era fácil colocar em sua casa Cleópatra Andreevna, mas se desfazer dela, em caso de necessidade, seria tão difícil quanto arrancar um carvalho com a raiz. Além da inevitável Anastácia, poderia surgir Júlia, aquela criatura detestável.

Quando recebeu a carta dela, respondeu, num ataque de cólera, que não lhe daria um tostão e que ela poderia espalhar os resultados de sua espionagem o quanto quisesse. Mas que ele, por sua vez, revelaria algumas circunstâncias de seu passado e assim ela não poderia dar as caras em lugar algum. Declarou também que a odiava a tal ponto que, se ela aparecesse na frente dele, quebraria primeiro todas as suas costelas e depois a estrangularia, mesmo sabendo que seria mandado para trabalhos forçados.

Por isso, Ivan Fiodorovitch pensou melhor e se limitou a arranjar uma governanta para Boris. Mas ela não sabia educar o menino e o maltratava com frequência, o que jamais fora notado pelo pai que nunca estava em casa.

Ivan Fiodorovitch estava morando numa casa de campo em Pavlovsk. Estava se preparando para ir a um concerto, quando chegou Richard.

A visita inesperada do irmão, a quem ele quase já havia esquecido, foi uma surpresa desagradável. Mas Ivan Fiodorovitch era muito bom ator para deixar que isso transparecesse. Quando o irmão perguntou se sua visita não atrapalhava seus planos, ele respondeu com veemência:

— Como pode falar isso, Richard? Estou feliz em vê-lo depois de tantos anos de ausência, da qual me considero culpado. Mas como podia imaginar que você levaria tão a sério aquela minha sugestão tola?

— Deus me livre de ficar zangado com você! A essa sugestão eu devo os anos mais interessantes de minha vida, tudo quanto eu vi, aprendi, conheci e experimentei, ao invés de ficar trancafiado no meu apartamento.

Os irmãos saíram para a varanda. Richard começou a conversa mencionando o infortúnio do irmão, isto é, o sumiço de sua filha.

— Sim, foi um golpe terrível e devo isso à negligência imperdoável de minha ex-mulher. Aliás, devo-lhe dizer que me separei dela. Ksenia Aleksandrovna largou as crianças nas mãos de uma babá alemã, permitindo que corressem dias inteiros sozinhos. Eis o resultado: Olga sumiu.

— E qual foi o motivo de seu divórcio? Ou a minha pergunta é muito indiscreta?

— Nem um pouco. Só acho que ouvir sobre nossos escândalos matrimoniais não seria interessante para você. Veja, desde que Olga sumiu, o caráter de Ksenia Aleksandrovna tornou-se simplesmente insuportável: em lugar de reconhecer sua culpa e assumir com resignação as consequências de seu descuido, ela se comportava como uma louca e acusava a todos da desgraça. Começou a odiar nosso filho adotivo, querendo se vingar, como se ele tivesse culpa de não ter sumido no lugar de Olga. É um menino encantador que foi deixado em nossa casa, a quem ela mesma quis acolher. Simplesmente ridículo!... Mais tarde, quando ganhei setenta e cinco mil, comecei a viver mais decentemente e a receber pessoas em casa, e ela aparecia na frente delas como uma Níobe! Com isso, ela acabou com meus nervos. Finalmente nos separamos e até acabei assumindo a culpa, pois não estou disposto a me casar de novo. Uma tolice dessas não se faz duas vezes! — concluiu Ivan Fiodorovitch, rindo.

— E onde mora Ksenia Aleksandrovna agora?

— De minha casa ela foi para Moscou. Não sei de mais nada. Mas por que me pergunta isso? Não está pensando em visitá-la? — indagou com ironia Ivan Fiodorovitch. — Não o aconselho a se encontrar com Ksenia. Ela piorou bastante. Ficou bem mais velha e meio biruta.

— Nunca me interessei pela beleza de sua mulher. Eu a respeito profundamente e tenho pena dela — respondeu com frieza o irmão.

Richard mudou de assunto e logo depois foi embora, alegando cansaço.

Dois dias depois, ele estava a caminho de Moscou, onde achou o endereço de Leon Leonovitch sem maiores dificuldades.

Para sua grande surpresa, foi Jossef quem lhe abriu a porta. O criado, ao reconhecer Richard, ficou pasmo.

— Por que me olha como se eu viesse do outro mundo? Ksenia Aleksandrovna está em casa? — perguntou Richard, sorridente.

— Sim, sim! A senhora acabou de voltar. Já estou correndo para avisá-la!... Meu Deus! Como ficará contente a minha patroa! Se o senhor soubesse como me alegra vê-lo de volta! — falava Jossef, extasiado. Ele guardava lembranças agradáveis das gorjetas de Richard.

— Obrigado por não ter-me esquecido. Vá logo avisar sua patroa. Mas não mencione meu nome. Diga apenas que chegou um velho conhecido dela.

Ksenia estava em seu quarto. Sua saúde e seu estado de espírito haviam melhorado, sua beleza havia voltado. Apenas uma ruga amarga perto da boca e a profunda melancolia no olhar revelavam a tristeza incurável de sua alma.

Ela não ficou intrigada com o aviso de Jossef sobre a visita anônima. Apenas estranhou e, indiferente, foi para a sala de visitas. Ao ver o visitante que, todo emocionado, ia ao seu encontro, Ksenia deu um grito de surpresa e estendeu-lhe as duas mãos.

— Richard... é você!... Meu amigo e benfeitor!... Oh! Como estou feliz em vê-lo novamente!... — exclamava ela com o olhar brilhando.

Richard Fiodorovitch beijou suas mãos. Depois, pediu que ela se sentasse na poltrona e, sentando-se ao seu lado, disse suavemente:

— Não me faça corar exagerando os insignificantes favores que pude lhe prestar! E se você realmente me considera seu amigo, conte-me tudo o que aconteceu desde o momento de minha partida: os detalhes da desventura que sofreu e os motivos de seu divórcio.

Ksenia Aleksandrovna empalideceu e as lágrimas jorraram de seus olhos. Mas, conseguindo se controlar, ela contou com pormenores sobre o desaparecimento da filha, sobre as buscas infrutíferas e sobre sua ida para a casa do pai adotivo.

— Oh! Se você soubesse como era encantadora minha pobre menina! — exclamou ela, correndo para pegar o retrato de Olga.

Entregando o retrato para Richard, Ksenia acrescentou com a voz entrecortada por soluços convulsivos:

— Nem mesmo sei se ela está viva ou morta.

Com profunda emoção, a ponto de chorar, Richard olhava para o lindo rosto pequeno da criança. Ele não disse uma palavra, mas um forte aperto na mão de Ksenia e o tremor nervoso de seus lábios demonstravam melhor como estava sentido com a desgraça da cunhada.

Querendo desviar Ksenia do assunto tão triste, Richard lhe perguntou sobre o divórcio. No rosto dela surgiu uma expressão de aversão e desprezo, os olhos fulguraram irados. Com tremor ela contou sobre a vergonhosa comédia que foi armada para explorar sua inexperiência e bondade, em que situação grotesca ela se viu ao obrigar seu marido a perfilhar o filho bastardo. E Ivan, não se contentando com isso, a censurava por lamentar a filha perdida, chamando seus sentimentos de exagero ridículo. Finalizando, contou da carta de Júlia que, por acaso, havia caído em suas mãos e mostrara-lhe a verdade.

Enquanto Richard ouvia aquela torrente de palavras saindo da boca da mulher emocionada, seu rosto cobria-se de rubor.

— Entendo muito bem que você desejasse se livrar de um marido tão indigno e desprezível quanto meu irmão — disse Richard, após um silêncio momentâneo. — Lamento amargamente ter-me ausentado por tantos anos. Se estivesse aqui, muitas coisas teriam sido diferentes.

A partir daquele dia, Richard passou a visitar diariamente a casa de Leon Leonovitch, que o recebia tão bem quanto Ksenia Aleksandrovna. Ele não demorou a conquistar a confiança e o respeito do velho e entre os dois havia simpatia mútua.

O amor de Richard por Ksenia aflorou. Aquele homem sério e profundo tinha sentimentos sólidos.

O objeto de sua paixão, sempre oprimida, agora estava livre e cercado de uma aura que o fazia ainda mais caro para ele.

Numa noite, três semanas depois, quando os dois jovens estavam a sós, Richard pediu a Ksenia que se tornasse a companheira de sua vida.

Emocionada, Ksenia levantou os olhos para ele.

— Richard! Você quer se casar com uma mulher infeliz, de alma e corpo feridos?

— Eu a amo, Ksenia. E com a força do meu amor eu a curarei. A felicidade fará você esquecer sua desgraça.

— Não, Richard! Não posso esquecê-la e não existe mais felicidade para mim. Você deve entender o sentimento que me faz tremer só de ver uma menina pedindo esmola debaixo da minha janela. Em cada menina pobre, maltrapilha, tento reconhecer o rosto de minha filha querida. Às vezes, não consigo engolir a comida; de noite acordo suando frio, dominada pelo terrível pensamento de que talvez minha coitada Olga esteja morrendo de frio, perambulando pedindo um pedaço de pão. Ou que ela, indefesa, esteja em poder de gente estranha. Quem sabe esteja morrendo em algum buraco e sem ninguém por perto para aliviar sua agonia? Não, Richard, não! Você é tão bom e generoso que merece uma boa mulher, não uma infeliz como eu. No meu coração machucado restou lugar apenas para lembranças amargas.

— Você não me ama mais, Ksenia? — falou Richard, baixinho.

— Oh! Não! Eu amo você, Richard! Tudo que há de vivo ainda em meu coração pertence a você. Justamente porque eu o amo, quero que seja feliz e que sua mulher traga muita luz e alegria, não a escuridão de uma tristeza incurável.

Richard apertou a pequena mão fria de Ksenia e levou-a aos seus lábios.

— Só você, Ksenia, pode encher de felicidade meu coração e minha casa. Não quero considerar decisiva sua resposta. Entendo seus sentimentos e sua tristeza e, por minha vez, tentarei saber alguma coisa sobre o destino de sua filha.

— Será inútil. Nós todos a procuramos e mesmo Ivan Fiodorovitch, naquela hora, não poupou esforços para as buscas — observou Ksenia, num tom deprimido.

— Não prometo nada. Mas, quem sabe, Deus me ajudará. Acredito na Sua misericórdia e no Seu auxílio, que surgiram na minha frente como uma visão maravilhosa nos momentos mais perigosos de minha viagem. Adeus, querida Ksenia! Amanhã mesmo vou a Gapsal.

— Que Deus lhe ajude nessa obra magnânima, meu querido amigo! Dia e noite vou rezar por você. Oh! Se soubesse que ela morreu, eu me ajoelharia diante da vontade divina; se soubesse que meu querido anjo voltou para os Céus, procuraria começar a vida de novo. Mas no meu estado atual seria um pecado ligar as ruínas de minha existência a seu futuro.

Richard, enérgico e decidido, como sempre, fez o plano de suas ações e, ao resolver os assuntos pessoais em Petersburgo, viajou para Gapsal, sem se encontrar mais com o irmão.

O coração do jovem cavalheiro sentia uma profunda comiseração pela pobre mãe que passara por aquela desgraça. A história de Ksenia lembrou-lhe um episódio de sua infância. Um dia, levara para casa de seu pai um cachorrinho que amava muito. Alguns meses depois, o cachorrinho sumira de uma maneira estranha. Desesperado, ficou procurando por ele durante uma semana. Esquecia-se de comer e de dormir, torturado por um único pensamento: que seu pequeno amigo tinha sido vítima de algum acidente ou que estava morrendo de fome. Quantos meses se passaram antes que aquele sentimento amargo se apagasse?

Inicialmente, as buscas de Richard pela filha de Ksenia não deram nenhum resultado. Embora tivesse passado apenas cinco anos desde aquele caso fatídico, muitas coisas haviam mudado em Gapsal. O agente que a busca tinha morrido. Outros foram transferidos, ou reformados. Ninguém sabia aonde tinha ido parar a babá alemã. Mas Richard não ficou desanimado e continuou ativamente a procurar o fio da meada. Como acontece frequentemente, um acaso simples o ajudou.

Certa noite, o camareiro que lhe servia no hotel e que ouvira sua conversa com o porteiro da vila onde Ksenia morava, perguntou se ele não queria conversar com um ex-policial local. Naquele tempo, ele dava plantão próximo à beira-mar e agora vivia num subúrbio afastado. Richard tinha certeza de que aquele homem já tinha sido interrogado naquela época, mas resolveu não desprezar qualquer indicação. Anotou seu endereço e, na manhã seguinte, foi procurá-lo.

Era um estoniano de meia-idade que dedicava-se ao pacato trabalho de jardineiro; parecia ser honesto e boa pessoa. Quando Richard lhe explicou os motivos de sua visita, o estoniano ficou pensativo e disse depois:

— Sim, ouvi falar sobre o caso e tenho suspeita de quem teria sido a ladra.

— Como? Tinha suspeitas e não declarou nada à polícia? — questionou Richard, exaltado.

— Para isso, meu caro senhor, tive muitas razões — respondeu o estoniano, tranquilamente. — Já que se interessa tanto, posso lhe contar tudo o que sei e o que suponho.

— Acredite que saberei lhe agradecer por este favor — disse Richard, colocando na mesa uma nota de cem rublos. — Mas trate de se lembrar dos mínimos detalhes.

O estoniano, muito contente, guardou o dinheiro.

— É o seguinte — disse ele —, acho que a babá tem parte nisso e deve saber quem é a sequestradora da criança, porque tinha contato com a pessoa de quem suspeito. Acontece que, ao lado da casa onde morava a pobre senhora com sua filha, há uma linda vila, alugada, naquela época, por um comerciante rico de Petersburgo para sua concubina. Essa mulher, a senhora Wideman, tinha um sobrinho, provavelmente um estudante, que namorava a babá. Quando as crianças e a mãe delas iam dormir, ela penetrava às escondidas na vila e frequentemente ficava lá até de madrugada. Tudo isso eu soube pela mulher que lavava louças naquela vila e que era amiga de minha esposa. Justamente foi ela quem reparou nesses encontros noturnos. E mais, quando a mãe das crianças não estava na praia, várias vezes eu mesmo vi a babá Rosália passear e ficar de cochichos com o estudante, sem prestar nenhuma atenção às crianças brincando na areia. Vi tudo isso porque ficava frequentemente de plantão naquele posto da praia. Quando a desgraça aconteceu, eu estava no hospital, doente de tifo. Recebi alta algumas semanas depois que a família da criança tinha ido embora de Gapsal e o triste caso começou a cair no esquecimento. Além do mais, minha cabeça estava ocupada com outras coisas. Morreu meu tio, que me deixou de herança uma casinha, cujo jardim está vendo. Reformei-me e comecei a tratar da propriedade, portanto, esqueci completamente o caso. Somente um mês depois, minha mulher me fez lembrar a história. Um dia, ela foi fazer compras com a nossa filha de oito anos e, ao voltar, me disse: "Sabe aquela menina que estava sendo procurada no verão? Deve ter sido sequestrada pela senhora Wideman." Vendo a minha surpresa, ela acrescentou que nossa filha havia reparado numa linda boneca que estava na vitrine e disse: "Olhe, mamãe! Aquela menina levada na carruagem pela senhora da vila grande tinha uma boneca igualzinha a essa!" Quando comecei a fazer perguntas à minha filha, ela me disse que viu a senhora Wideman saindo da praia, com a menina nos braços. A menina segurava aquela linda boneca. Depois, as duas entraram na carruagem. Naquela época não quis dizer isso a ninguém, pois tinha muita coisa a fazer e, para lhe dizer a verdade, não me parecia verdade. Se minha filha estivesse enganada, eu teria grandes complicações — concluiu o jardineiro.

— Sou-lhe muito grato. Vou tentar encontrar essa babá. Só ela pode esclarecer o mistério. Mas onde procurá-la? — observou Richard, suspirando.

— Eu sei onde ela está e o senhor não vai demorar a encontrá-la — respondeu o estoniano, com ar contente. — No inverno fui à cidade de Revel[2] visitar meu irmão. Ele trabalha como cervejeiro na casa de um general. Foi lá que encontrei Rosália e soube que ela se casou com um boticário, um tal de Stenguel. Não sei direito o endereço dela, mas com certeza o senhor a achará facilmente.

Cheio de esperança e de dúvidas, ao mesmo tempo,

2 Revel - Antigo nome de Tallin, capital da Estônia.

Richard foi para Revel. Ele não conseguia entender o que podia levar aquela cocote a um crime tão perigoso quanto o sequestro de uma criança.

Realmente, não foi difícil descobrir o endereço. A moça morava numa rua bastante afastada. Ele esperou pela hora que achou mais segura para encontrar Rosália sozinha. Soube pela vizinha que a senhora Stenguel estava no jardim e dirigiu-se diretamente até lá. A antiga babá estava remendando roupas e, perto dela, na areia, brincava um menino de dois anos e numa cesta dormia um bebê.

A chegada de um desconhecido surpreendeu Rosália e, logo que soube do caso que o trazia, ficou carrancuda e respondeu asperamente que tudo o que sabia fora dito no inquérito; que ela não queria ser incomodada com aquela história novamente, porque já tinha tido muitos problemas, apesar de não ter culpa nenhuma.

Richard Fiodorovitch fixou nela um olhar gélido e penetrante.

— Sinto muito, senhora, por incomodá-la. Mas li seu depoimento e achei nele grandes lacunas. Por que não disse uma só palavra sobre seu contato com a vizinha de sua antiga patroa e, o principal, com o jovem parente da senhora Wideman? Também silenciou sobre suas visitas noturnas à vila e sobre os encontros na praia, onde ficava namorando, deixando as crianças sozinhas. Tudo isso me foi dito por testemunhas e pode ser comprovado.

Rosália ficou branca.

— O senhor quer me comprometer aos olhos de meu marido! — exclamou ela com voz rouca. — Quem é o senhor e o que tem a ver com esse inquérito?

— Sou irmão de Guerouville. Por isso, tenho o

direito de procurar por minha sobrinha. Não vou perturbar sua felicidade conjugal se a senhora responder às minhas perguntas com franqueza, sem omitir nada. Como vê, é de seu interesse ser sincera, porque eu, em minha investigação, não vou poupar ninguém. Provei que já tenho informações e vou lembrar-lhe que também é mãe e que as lágrimas de outra mãe, provocadas por sua negligência, ou por sua má vontade, podem repercutir em seus próprios filhos.

Um calafrio passou por todo o corpo da moça e um olhar medroso e embaraçado correu pela cesta. Ela passou a mão na testa suada e, com resolução súbita, disse:

— Direi tudo o que sei. Naquela época, também teria dito se seu irmão não tivesse me tratado com tanta grosseria, expulsando-me de sua casa como um cachorro. Senti muito pela senhora Guerouville e por sua linda filha. Aconteceu o seguinte: eu frequentava a casa de minha vizinha, pois a conhecia há muito tempo. Nós duas somos de Riga.[3] Minha irmã mais velha e Carolina Breitnaguel, esse era o nome de solteira da senhora Wideman, estudaram e se formaram na mesma escola. Depois nós a perdemos de vista e a reencontrei por acaso em Gapsal.

Ao ouvir o nome "Breitnaguel" Richard estremeceu, mas Rosália não notou e continuou falando:

— Não era segredo para ninguém que Carolina era mulher de conduta leviana. Por isso, não podia ir à casa dela abertamente. Finalmente cedi a seus convites insistentes e fui. Lá conheci o sobrinho de seu antigo marido, Piotre Wideman, que começou a me cortejar e prometeu se casar comigo. Na verdade, me senti envolvida, mas nunca tivemos relaciona-

3 Riga - Capital da Setônia, às margens do rio Duína.

mento mais íntimo. Reconheço-me uma culpada por ter sido negligente, pois às vezes me esquecia das crianças quando conversava com o homem a quem considerava meu noivo. Aliás, ia sozinha à praia com as crianças somente quando dona Ksenia sofria de enxaqueca. Mais tarde, suspeitei que a filha de dona Ksenia havia sido sequestrada por Carolina, porque ela viajou para Petersburgo justamente no dia do desaparecimento da criança. O velho, seu amante, tinha viajado por algumas semanas para Astrakhan[4] e ela, aproveitando sua ausência, teve um caso com um francês; parece que era pintor. Sempre achei estranho Carolina me fazer perguntas constantes sobre Ksenia Aleksandrovna, sobre seu relacionamento com o marido e sobre as crianças. Era provável que Carolina odiasse a senhora Guerouville. Um dia, olhando-a com raiva, ela disse: "Essa idiota merece que a filha vire uma perdida. Isso a faria baixar a crista. Esse seu ar de virtuosa inacessível me dá nos nervos." Lembrei-me dessas palavras quando Olga sumiu, junto com Carolina, seu sobrinho e o francês. Depois disso, recebi apenas uma carta de Piotre, contando que estava indo para Berlim servir o exército. É só o que sei — finalizou.

Richard Fiodorovitch agradeceu a moça, assegurou que seria discreto e voltou depressa para o hotel. O nome de Carolina Breitnaguel verteu uma nova luz sobre o caso. Aquela megera, que atirou em Ivan querendo matá-lo, cega e tola por seu ódio a Ksenia, era bem capaz de ter sequestrado a filha dela. Emocionado e revoltado, Richard estava disposto a fazer de tudo para encontrar a criança e salvá-la. Sem perder tempo, voltou a Petersburgo e começou a procurar

4 Astrakhan - Cidade russa localizada no delta do rio Volga.

pelos rastros da antiga amante do irmão.

Andou pesquisando e soube que, um ano após a ruptura com Ivan Fiodorovitch, Carolina se casou com um prussiano de sobrenome Wideman. Ao perder dois filhos, que morreram de difteria, e, pouco tempo depois, o marido também, ela voltou à sua antiga profissão. Soube também que Carolina tinha ido para Berlim com um homem e uma criança.

Sem pensar duas vezes, Richard foi para Berlim. Lá, esbanjando dinheiro "a rodos", achou primeiro o hotel, depois um pequeno apartamento mobiliado, onde a senhora Wideman passara três meses com uma pequena menina. Aquele apartamento fora visitado por um homem moreno, cujo nome a proprietária não se lembrava. Mas ela contou que a menina de três anos chorava muito e falava uma língua estrangeira e quando a senhora Wideman batia nela, obrigando-a a falar alemão, a menina chamava pela mãe desesperadamente. Às suas perguntas sobre a criança, a senhora Wideman respondia que era uma órfã de pai e mãe, que havia pego por caridade, pois era uma parenta longínqua, mas que representava para ela uma carga terrível.

Na opinião da dona do apartamento, a senhora Wideman provavelmente tinha viajado a Paris, pois expressava frequentemente tal desejo.

Cheio de decisão e energia, Richard dirigiu-se à capital francesa, mas lá seus esforços não deram resultados. Teriam sido a cocote e sua vítima engolidas por aquela enorme cidade, ou Carolina tinha mudado de rumo? Não havia nenhum sinal de sua estada em Paris.

Depois de dois meses de buscas sem sucesso, Richard Fiodorovitch, decepcionado, teve de empreender sua viagem de volta. Não escrevia a Ksenia

Aleksandrovna com receio de lhe dar falsas esperanças.

Quando finalmente, após três meses de ausência, Richard chegou a Moscou, encontrou sua amada de luto. O pai adotivo de Ksenia havia morrido de apoplexia, deixando para ela uma herança considerável.

— Nem vou lhe perguntar. Vejo pela sua expressão que as buscas foram inúteis — disse Ksenia, triste, logo que ficou a sós com Richard.

O vestido preto de luto fazia Ksenia parecer mais pálida e mais abatida. Richard beijou-lhe a mão com ternura.

— Não, Ksenia. Minhas buscas não foram de todo inúteis. Deus não me deu ainda a alegria de achar Olga, mas tenho sua pista.

A jovem mulher estremeceu e ergueu-se.

— Pista! Você tem uma pista? Quer dizer que ela está viva! Conte-me logo! — exclamou ela, com voz entrecortada.

Assustado com sua emoção, Richard apressou-se em contar-lhe sobre suas andanças e o acaso que lhe ajudou a descobrir a verdade. É impossível descrever o sentimento de Ksenia quando soube que Olga fora sequestrada pela amante de seu ex-marido. Richard não disse nada sobre a vergonhosa intenção de Carolina nem sobre os mau-tratos que a menina sofria. Mas o coração de mãe tem uma segunda visão — a espiritual, portanto —, não precisa de palavras.

— Essa mulher terrível sequestrou minha Olga para se vingar de mim, para atingir meu coração, para depravar minha filha e depois devolvê-la! — exclamou Ksenia, banhada em lágrimas.

— Não, Deus não permitirá tamanha injustiça! — respondeu Richard, emocionado.

Na mesma noite, eles conversaram sobre os últimos acontecimentos, analisando os detalhes. O principal era que, o mais terrível em tudo, o mistério, fora desvendado. Se a criança estava viva, havia esperança de encontrá-la. Por isso, a gratidão da jovem mulher a seu fiel e generoso amigo, apoiando-a em todos os momentos difíceis, era tão profunda que beirava o amor, abafado apenas pela desgraça.

Quando Ksenia revelou-lhe seus sentimentos, Richard abraçou-a.

— Ksenia, se conservou um pouquinho de afeição por mim, dê-me o direito de amá-la e defendê-la abertamente. Consinta em ser a companheira de minha vida. Somos dois solitários e podemos nos apoiar um no outro.

— Não há dúvida nenhuma, Richard, que seria uma felicidade para mim tornar-me sua mulher. Tudo que tive de bom nesta vida partiu de você. E você se sentiria feliz com uma mulher de alma partida? — perguntou ela, dirigindo a Richard um olhar cheio de lágrimas.

— Eu a curarei, Ksenia, com a força do meu amor. Confie em mim! Meus sentimentos por você são sólidos e já passaram por provas. Estou convicto de que nós seremos felizes juntos.

A noite terminou mais animada do que se poderia esperar. Os pensamentos de Ksenia Aleksandrovna, sem querer, tomaram um outro rumo. Os jovens falavam do futuro. Quando Ksenia perguntou a Richard se ele pretendia voltar ao serviço, este respondeu-lhe, rindo:

— Deus me livre! Estou acostumado à liberdade e só tenho uma meta: fazer minha mulher feliz e encontrar a pobre Olga. Nada pode me impedir de realizar estas tarefas tão importantes.

Ksenia corou e o sorriso simpático de antes iluminou seu pálido rosto encantador.

Três meses depois, silenciosamente, sem nenhuma pompa, Ksenia e Richard se casaram apenas na presença de testemunhas. Em seguida, o jovem casal resolveu ir para Volin, onde pretendiam passar alguns meses.

Capítulo 13

Numa sala de jantar espaçosa, mobiliada com luxo, juntou-se um pequeno grupo de pessoas à mesa do chá. As chamas da lareira de mármore cinza e a luz elétrica, cujos reflexos cintilavam na prata e no cristal, criavam um ambiente agradável que contrastava com o tempestuoso vento gelado que soprava do lado de fora e com os flocos de neve que batiam contra as janelas.

Encontramos ali alguns dos nossos personagens. Os anfitriões eram Richard Fiodorovitch e Ksenia Aleksandrovna. Passados oito anos desde a cerimônia de casamento, eles haviam rejuvenescido, ao invés de envelhecer. Emanavam aquela calma e harmonia que só a felicidade pode provocar. Ao lado de Ksenia estava uma moça muito bonita e elegante, com traços levemente orientais. Estavam terminando o chá e conversavam sobre as novidades do dia quando Richard Fiodorovitch perguntou:

— Anastácia, há quanto tempo não recebe carta de sua mãe?

— A última recebi há três semanas. Ela escreveu dizendo que vive nas redondezas de Nova Iorque, pois papai não suporta o ar da cidade. Desde aquele terrível acidente que sofreu na ferrovia, sempre sente dores no peito e não consegue se recuperar. Minha mãe disse que a saúde dele inspira muito cuidado.

— E você, não pretende visitar seus pais? — perguntou Ksenia Aleksandrovna.

Anastácia deu levemente de ombros.

— Não, tia. Para isso teria de recusar um contrato, o que seria muito inconveniente para mim. Para ser franca, não acho que minha presença agradaria a eles. Estão muito bem sem mim. Além do mais, agora preparo um novo papel. É o primeiro papel sério que recebo e espero ter sucesso. A propósito, ouviram sobre a nova vedete do teatro bufo, Violeta Verni? — perguntou Anastácia, mudando de assunto.

— Não, não ouvimos falar. Você sabe que Ksenia não gosta de operetas, porque todas têm enredos bobos e música frívola — respondeu Richard Fiodorovitch.

— Oh!... tia. Está sendo muito exigente. Desta vez, recomendo que vá ao teatro. Violeta Verni é encantadora e uma atriz maravilhosa. Jovem, bonita, tem uma voz linda e, além do mais, é uma moça excelente. Eu a conheci neste verão em Wisbaden[1] e gostei muito dela.

Vendo Ksenia fazer um gesto negativo, a jovem acrescentou, olhando-a com malícia:

— Sabe, tia, quem está louco por ela? Tio Ivan. Ele não perde uma apresentação. Cobre-a com flores e bombons e ela, ingrata, fica cheia de não-me-toques.

— Ah! Ivan é incorrigível! Mas essas suas paixões têm um lado positivo: elas nunca são duradouras. Se essa moça não o deixa se aproximar dela, prova que é inteligente — disse Richard com ironia, levantando-se da mesa.

---

1 Wisbaden - Cidade alemã, capital de Hesse, na Alemanha Central, situada às margens do rio Reno.

— Minha querida Anastácia, você deveria evitar a companhia de atrizes de operetas, pois elas geralmente têm uma reputação duvidosa — observou Ksenia.

— Ah! Virtude aparente ou verdadeira depende apenas de nós mesmos. Sendo também atriz, não posso virar o nariz para minhas colegas, não importa a que elenco pertençam. Minha mãe não tinha nada a ver com o teatro — ela deu de ombros —, no entanto não foi ela quem me deu exemplos de virtude. Não sou mais criança e entendo perfeitamente que tipo de vida ela levava quando ia para o exterior comigo no verão, apesar dos protestos da vó Cleópatra. A pequena Verni é mil vezes melhor do que minha mãe. Vá vê-la e não se arrependerá. Ela tem sua maneira própria e original de interpretar as levianas, sem qualquer vulgaridade. E vai rir bastante vendo a doidice de tio Ivan. Não tem nem um pouco de curiosidade?

— Ah! Pouquíssima! Mas, me desculpe, vou ver se já estão preparando as crianças para dormir.

— Posso ir com você, tia? Adoro Leon e Lili e gosto de trocar as roupinhas deles eu mesma.

Quando Anastácia foi embora, Ksenia Aleksandrovna foi ao escritório de Richard e sentou-se sobre o braço da poltrona ao lado do marido. Ele afastou o calhamaço de contas que estava verificando e abraçou a mulher pela cintura.

— E aí, minha querida? — perguntou ele, com um sorriso. — Não gostaria de ir à opereta para ver a nova estrela que inflamou o coração de Ivan, aquele Céladon?[2] Se quiser, mando reservar o camarote para depois de amanhã.

— Sim, vou com prazer — respondeu alegremente

2 Céladon - Jovem pastor apaixonado, personagem do romance "L'Astree" (1610) do escritor francês Honoré d'Urfé (1568-1625).

Ksenia Aleksandrovna. — Dizem que Ivan é um grande apreciador da beleza. Na condição de sua esposa, não tive chance de conhecer as mulheres que ele gostava, pois ele as escondia muito bem. Agora vou poder avaliar o gosto dele abertamente.

— Decidido! Depois de amanhã iremos ao teatro e submeteremos a um exame crítico o gosto de Ivan.

❁ ❁ ❁

Depois do casamento de Ksenia e Richard e de uma curta estada em Volin, o casal foi a Paris, onde novamente dedicou-se às buscas de Olga, embora continuassem infrutíferas. Com o desejo de afastar a mulher das más lembranças, Richard Fiodorovitch voltou com ela para Volin. Lá, eles tiveram um filho e a criança deu um novo estímulo à vida de Ksenia. Ela cuidava dele com adoração e os sorrisos inocentes da criança curaram sua antiga ferida. Ainda havia momentos em que a ferida doía, mas a calma e a felicidade também favoreciam sua cura.

Amada e cercada de cuidados, a jovem mulher aos poucos voltava à vida normal e recuperava sua terna beleza e até, em parte, a antiga jovialidade.

Quatro anos depois do casamento, quando Ksenia já era mãe novamente, o casal voltou a Petersburgo e foi morar na antiga casa na rua Serguievski. Só então, os dois irmãos se encontraram.

Ivan Fiodorovitch cumprimentou Richard com uma alusão picante:

— O velho ditado francês é justo e meu antigo ciúme não era loucura, como você afirmava.

— Quando voltei, você já estava separado. Será que eu não tinha o direito de ficar com o tesouro ao qual você não soube dar valor? Ou você está com ciúmes? — perguntou calmamente Richard Fiodorovitch.

— Deus me livre! Esse pilar de virtude que é Ksenia combina mais com você. Não quero estragar nossa amizade. Se permitir, gostaria de frequentar sua casa.

— Seja bem-vindo!

Mas Ivan Fiodorovitch decidiu não aproveitar aquela permissão. Encontrou-se com Ksenia Aleksandrovna apenas por acaso, durante o concerto.

Com curiosidade hostil, Ivan olhava para a ex-mulher, mais bonita do que nunca em seu vestido simples, porém elegante. De repente, seus olhos negros brilharam: reparou que Ksenia tinha empalidecido levemente e, com sua vaidade incorrigível, imaginou que ela se emocionara com o reencontro. Nem lhe passou pela cabeça que aquela emoção podia ter sido provocada pelas penosas recordações. Então, aproximou-se dela e a cumprimentou com frieza.

Vez ou outra, com intervalos de meses, Ivan ia ver Richard. Às vezes, o próprio Richard lhe fazia visitas e se encontrava com Boris, de quem gostava muito.

Entregue aos cuidados de um preceptor, era um garoto sério e triste. Apesar da má-educação do pai e do dinheiro farto que este lhe dava — Ivan Fiodorovitch não era avaro quando tinha dinheiro —, Boris tinha bom caráter e devia isso exclusivamente à sua própria natureza.

O rapaz guardava uma lembrança muito clara daquela que considerava sua mãe. Um dia, ele pediu ao pai que permitisse vê-la. Ivan Fiodorovitch não se opôs. Ksenia Aleksandrovna concordou com prazer. A felicidade fez com que o amargor da ofensa passasse e renascesse sua afeição por Boris.

A jovem mulher recebeu o jovem com ternura e

ficou comovida pela profunda emoção, pelas lágrimas quentes e pela veemência com que ele a beijava. A partir daquele dia, Boris passava todos os domingos na casa da mãe e do tio Richard, brincando com os pequenos irmãos, a quem tinha adorado.

Ksenia Aleksandrovna tornou-se sua protetora e amiga. O jovem lhe confessava todas as suas alegrias e contratempos.

Passaram-se anos desde a morte de Cleópatra Andreevna. Seus últimos dias de vida foram perturbados por tempestades familiares. Para grande indignação e ira de sua tia-avó, Anastácia expressou o desejo de se tornar atriz e, apesar de escândalos terríveis em família, mantinha-se firme naquela decisão.

Apesar da boa influência de sua velha governanta, uma mulher sensata e de regras severas, Anastácia continuou voluntariosa e geniosa. A viagem com a mãe para o exterior estragou-a completamente. Só Deus sabe em que se transformaria Anastácia nas mãos daquela mãe se não sobreviesse um acontecimento inesperado.

O senhor Golzman, marido de Júlia Pavlovna, e de quem nada se soube durante anos, repentinamente reapareceu e enviou uma carta da América, na qual propunha à mulher que fosse viver com ele, pois conseguira juntar bom dinheiro e poderia sustentá-la com a filha.

Júlia Pavlovna não demorou em viajar ao encontro dele, mas achou desnecessário levar a filha, que estava sob os cuidados de Cleópatra Andreevna. A menina, totalmente desnorteada, só sonhava com o sucesso no palco. Sua resistência aos protestos da tia-avó encontrou apoio da parte de Ivan Fiodorovitch e, com os contatos deste, conseguiu fazer um curso de arte dramática.

Quando Richard Fiodorovitch chegou a Petersburgo, Anastácia estava se preparando para sua estréia. Com a bondade costumeira, Richard começou a prestar ajuda material e moral à moça. Justamente graças a ele e a Ksenia, Anastácia levava uma vida honesta e evitava todo o tipo de aventuras que poderiam lhe fechar as portas da casa do tio que, aliás, ela gostava muito de frequentar.

No dia marcado, o casal foi ao teatro. Ksenia Aleksandrovna não conseguia segurar o sorriso irônico ao ver Ivan Fiodorovitch na primeira fileira da platéia, demonstrando impaciência e aplaudindo freneticamente quando a diva apareceu no palco.

Violeta Verni tinha dezessete anos e era uma moça muito bonita. As linhas delicadas de seu corpo e o rosto adorável pareciam de criança; a mesma impressão causavam seus grandes olhos azuis, inocentes e tristes. Era uma beleza pronta a desabrochar em todo o seu esplendor. Tinha uma tez surpreendente, opaca e tenra, traços perfeitos e um sorriso encantador. Seus cabelos negros, soltos por exigência do papel, envolviam-na como uma capa de seda brilhante.

Como atriz também era formidável; tinha uma voz maravilhosa e desempenhava o papel de maneira original.

Anastácia tinha razão! Em seu desempenho, o papel frívolo e as cançonetas de duplo sentido não soavam indecentes e adquiriam uma graça pura.

— Reconheço que Ivan tem excelente gosto e que sua paixão é justa — sussurrou Ksenia para o marido. — Mas lamento sinceramente que essa criatura tão jovem, bela e cheia de talentos esteja num caminho tão escorregadio.

— Sim. Se ela cair nas mãos do meu querido

irmãozinho, toda sua virtude vai se evaporar logo. Acho que não conseguirá escapar. Olhe só para ele! Está louco por essa menina! Sem dúvida, foi Ivan quem lhe mandou essa linda cesta de flores.

Depois, acrescentou, rindo:

— Oh! Ivan, Ivan! Será que não se lembra que já passou dos quarenta?

Violeta Verni morava na rua Ofitserskaia, num apartamento alugado, muito modesto, com quatro cômodos e uma cozinha.

No dia seguinte, depois do espetáculo, a encontramos almoçando. À mesa, em frente a ela, estava *mademoiselle* Leclerc, uma velha atriz, maquiada e pretensiosa que ela chamava de tia e era sua dama de companhia.

— Não, sua teimosia e seu orgulho ridículo ultrapassam todos os limites. Será que você realmente acredita que uma atriz de opereta pode dar uma de vestal[3] e menosprezar seus admiradores, os únicos que podem lhe dar fama e riqueza?

— Ora! Será verdade que só os admiradores criam fama? Pois você, tia Agláia, não era cruel com eles; no entanto, não adquiriu riqueza nem glória — observou Violeta com malícia.

— No meu caso foi uma falta de sorte e tive de lutar contra uma rival que era um verdadeiro monstro de astúcia e maldade — respondeu Agláia com um suspiro pesaroso. — Não gostaria que você encontrasse tais recifes em seu cruzeiro pela vida, minha querida Violeta. Eu lhe eduquei, dirigi seus primeiros passos como atriz e desejo vê-la no ápice da glória. Por isso, repito sempre, não se faça de virtuosa e

3 Vestal - Mulher casta ou virgem.

lembre-se do barão alemão, em Colônia,[4] que se vingou dessa sua severidade com as vaias que organizou, provocando aquele fiasco.

— Sim, as vaias ofuscaram os aplausos — concordou com desgosto Violeta. — Só faltava eu ter de me vender àquele velho sátiro!

— Entendo que você não gostasse daquele velho barão. Mas o que você tem contra o senhor Guerouville? Que homem bonito! E, além do mais, tão amável e fino! Está apaixonado por você como um escolar e é generoso como um príncipe. Ele cobre você de flores, bombons, ternura e atenção. E ainda continua a rejeitá-lo.

— Não nego que o senhor Guerouville é muito bonito e amável. Mas ele tem a mesma meta de todos que me oferecem flores e bombons. Não quero ser amante dele. Quero me casar, ou continuar livre e viver para a arte.

Agláia abriu os braços.

— Ora, que coisa! Saiba, minha filha, que casar é muito difícil. Mulheres mais bonitas e mais chiques que você não conseguiram tal feito. Em todo caso, não poderá levar Guerouville ao matrimônio lhe fechando as portas e recusando-se a aparecer com ele em público.

— Tenho medo dessas reuniões.

— Medo por quê? Você pode tagarelar, rir e se divertir, nada mais do que isso. Uma mulher não pode ser possuída a menos que queira se entregar. É necessário, para uma jovem atriz, ser amável, simpática e permitir ser adorada. O nosso ofício tem suas exigências, minha filha, que devem ser obedecidas se não quiser estragar sua carreira.

---

4 Colônia - Cidade alemã no estado da Renânia-Vestfália, situada às margens do rio Reno.

— Oh! Essa carreira! Como a detesto! Você sabe perfeitamente que não a escolhi por vontade própria; que fui obrigada a segui-la e agora você quer me empurrar para uma vida de devassidão — disse Violeta, irritada.

— Eu não quero nada! Mas tenho certeza de que é possível viver honestamente com um amante, assim como com um marido. Os velhos preconceitos estão ruindo a cada dia e ninguém acredita nas virtudes de uma atriz, por mais santa que ela seja.

A campainha interrompeu a conversa.

— É ele! — exclamou Agláia, arrumando depressa o cabelo e a gola de renda. — Espero, Violeta, que seja sensata e receba esse homem encantador como ele merece.

Minutos depois, entrou Ivan Fiodorovitch e reverenciou as damas com sua habitual elegância. Dizem que o egoísmo conserva a pessoa e, pelo visto, Ivan Fiodorovitch fazia jus a este ditado. Havia mudado pouco durante os anos. Continuava a ser o mesmo homem sedutor, de cabelos negros e olhar fogoso, um verdadeiro Don Juan, que pôs a perder tantas vidas familiares, provocou tantos ciúmes e partiu tantos corações. Sim, foi muito amado, mas ele mesmo nunca teve um sentimento puro e profundo por ninguém. Para ele, inconstante e voluptuoso, possuir a mulher que desejava era uma questão de honra masculina. Na sua opinião, essas ligações deveriam proporcionar o mesmo prazer de embriaguez que uma taça de champanhe borbulhante: logo que o borbulhar acaba, troca-se por outra.

A resistência de Violeta Verni o surpreendeu e começou a irritá-lo. Justamente por causa de sua rejeição, ele queria possuí-la custasse o que custasse.

A pequena atriz representava para ele, inicialmente, apenas um divertimento temporário, mas percebeu que havia subestimado a moça.

Que no fim das contas ele a conquistaria, não tinha dúvida nenhuma, mas teve de mudar a tática. Em lugar de continuar sua ofensiva direta, começou a tratá-la com cortesia e respeito, na tentativa de domesticá-la. Além disso, tinha Agláia como aliada.

Agora, ali estava com o intuito de convidar as duas para um passeio de tróica.[5] Pretendia levá-las também a um restaurante fora da cidade para jantar e ouvir o canto dos ciganos em companhia de mais três amigos e três atrizes do teatro dramático.

Violeta ficou indecisa, mas acabou cedendo aos pedidos de Ivan Fiodorovitch. A noite foi muito agradável. A jovem ficou encantada com o passeio de trenó. O jantar foi alegre e Ivan Fiodorovitch não saiu, nem por um minuto, dos limites da cortesia e da moderação. Por isso, Violeta se divertiu e voltou para casa mais tranquila.

A partir daquele dia, ela começou a receber de Guerouville bilhetes de entrada, ora para o teatro francês, balé ou circo, ora para as corridas de cavalos. Às vezes, até ia com ele aos bailes da colônia francesa. Ivan Fiodorovitch sempre a acompanhava como uma sombra, encantando-a com seu olhar apaixonado, sussurrando palavras de amor. Violeta, sem perceber, acostumou-se a ele e o medo que lhe inspirava, aos poucos começou a desaparecer. Passou a pensar muito nele e a sentir saudades na sua ausência. Esperava sua chegada com impaciência e não recusava seus presentes com receio de ofendê-lo.

---

5 Tróica - Grande trenó, na Rússia, puxado por três cavalos emparelhados.

Com passos lentos, mas seguros, Ivan Fiodorovitch aproximava-se da vitória. Às vezes, ficava com raiva da meninota atrevida que se avaliava tão cara e o obrigava a fechar o cerco devidamente. Mas, de qualquer maneira, o desejo de possuí-la se tornava mais forte.

Na primeira vez, quando ousou beijar o ombro nu de Violeta, esta ficou enraivecida.

— Isso está contra o nosso acordo, senhor Guerouville. Nada de intimidades, senão terei de voltar à minha antiga postura. O senhor sabe que não desejo ser sua amante, nem de ninguém e não permitirei que me obriguem a isso.

Dissimulando sua revolta, Ivan Fiodorovitch fez uma reverência e beijou a mão dela.

— Nunca se recebe à força aquilo que o amor dá de boa vontade.

— Eu não quero amar. O amor de um homem é fogo de palha que arde por um minuto e depois se transforma em cinzas. E saiba que eu não pretendo ser abandonada e esquecida.

— Abandonar e esquecer você, Violeta? Isto é impossível. Você mesma não acredita naquilo que diz — objetou Ivan Fiodorovitch, dirigindo a ela seu olhar ardoroso e tão repreensivo que Violeta ficou confusa, corou e baixou os olhos.

Algum tempo depois, quando ele novamente arriscou beijar seu braço nu, Violeta protestou apenas com um olhar tímido. Um amor pérfido penetrou no seu jovem coração. A imagem do homem sedutor, que supostamente a amava com sinceridade, a perseguia em seus sonhos e, muitas vezes, ela até se surpreendia pensando em casamento. Por que não? Quantas atrizes como ela se casavam com homens de condição superior; até com príncipes! Por que não poderia levar o nome do homem amado?

Chegou a primavera. O elenco do qual Violeta fazia parte deixou Petersburgo, mas a jovem ficou e, com a ajuda de Ivan Fiodorovitch, conseguiu contrato num dos teatros para a temporada de verão.

Capítulo 14

Num lindo dia de maio, Ivan Fiodorovitch convidou Violeta e sua dama de companhia para a casa de campo em Krestovski. A jovem ficou embaraçada e rubra. Era a primeira vez que Guerouville a convidava para sua casa. Vendo o descontentamento que sua indecisão provocava em Ivan Fiodorovitch, que franziu as sobrancelhas, ela perguntou timidamente se haveria outros convidados.

— Além de você e de *mademoiselle* Leclerc, estarão apenas o barão Ksavie, Cecille e Keontina, do teatro da Arcádia, os quais você já conhece.

— Está bem, nós iremos! — respondeu Violeta, depois de titubear.

— Eu agradeço — disse Ivan Fiodorovitch, com o rosto iluminado. — Mandarei uma carruagem buscar vocês às cinco da tarde. Almoçaremos nós três e depois lhes mostrarei minha propriedade. Os outros chegarão às sete horas.

Nunca Violeta havia sentido tamanho peso no coração quando estava sendo levada à ilha de Krestovski pelos cavalos velozes.

A jovem tinha medo, mas não sabia do quê; e esse medo misturava-se com o desejo impaciente de ver finalmente como vivia o homem amado.

Por fora, a casa de campo onde Ksenia Aleksandrovna passou os piores anos de seu primeiro casamento havia mudado pouco. Ela tinha sido apenas pintada e a antiga cerca de tábuas fora trocada por uma bonita grade de bronze. Já por dentro, tudo fora mudado e mobiliado no estilo Luís XVI.[1] Realmente a casa de campo parecia um lindo e aconchegante ninho.

Ivan Fiodorovitch encontrou as damas na entrada e acompanhou-as mostrando a casa e o jardim. Ele se divertia com a ingênua admiração de Violeta, que gostava de tudo. O que a deixou extasiada foi o antigo *boudoir* de Ksenia, com as paredes forradas de seda com estampa de rosas e miosótis, decorado com móveis e espelhos maravilhosos, além de jardineiras com flores raras.

— Depende de você vir a ser a senhora e dona desta casa — sussurrou Ivan Fiodorovitch, dirigindo um olhar apaixonado para a jovem confusa.

Ela apenas corou e nada respondeu.

Reinava a alegria durante o almoço. Ivan Fiodorovitch se superava em amabilidades, servia um excelente vinho para Agláia, divertindo-se com a exaltação da velha atriz e com a inquietação que seus discursos, cada vez mais ousados, provocavam em Violeta. Ela, às vezes, voltava a sentir aquele desassossego que a atormentara pela manhã. Além disso, a paixão que Ivan Fiodorovitch não escondia a deixava tão embaraçada que ficou feliz quando os outros convidados chegaram.

Entabulou-se uma conversa animada. Os hóspedes cantavam, declamavam e dançavam na grama, acompanhados por um acordeon. O jantar foi servido no jardim porque a noite estava quente como se fosse

1 Luís XVI (1754-1793) - Rei francês, neto e sucessor do Rei Luís XV.

verão. Durante a refeição, a euforia geral chegou ao ápice. Os amigos de Ivan Fiodorovitch bebiam muito e suas damas não ficavam atrás. Os discursos tornavam-se mais ousados, os rostos cada vez mais vermelhos, o champanhe fluía como um rio e os brindes eram feitos um atrás do outro. Violeta, cedendo à insistência de todos, tomava um pouco de cada bebida. Ao tomar a terceira taça de champanhe por obrigação, pois estavam brindando à sua saúde, a cabeça de Violeta girou, as faces arderam e os olhos brilharam febrilmente.

Pela primeira vez na vida ela respondia a tudo sem embaraço e permitiu que Ivan Fiodorovitch a beijasse no momento em que ele brindou a um tratamento mais informal entre os dois. Violeta ria loucamente de *mademoiselle* Leclerc, que ficou completamente bêbada e ridícula.

Com essa animação geral, ninguém notou que o céu se cobria de nuvens escuras, a brisa cessara de soprar e um silêncio sinistro pairava no ar.

De repente, um raio luminoso cortou o céu escuro, começou a trovejar e uma terrível rajada de vento passou pelo jardim. As velhas árvores se curvaram e a toalha com a louça foi atirada ao chão.

As mulheres gritaram apavoradas e, cambaleando, correram para dentro de casa. Foram seguidas pelos homens, que tinham as pernas ainda mais bambas, exceto Ivan Fiodorovitch, que havia bebido moderadamente e estava apenas agitado.

Ele, então, chamou os criados, mandou que retirassem as coisas do jardim e que levassem Agláia, que se recusava a entrar, apesar da chuva. Os convidados se acomodaram nos sofás da sala de visitas e no *boudoir*. Em alguns minutos começaram a roncar, vencidos pela bebida.

Só Violeta não dormia. Estava com a cabeça pesada, os ouvidos zumbindo e suas pernas não a obedeciam. Como um passarinho assustado, ela se espremeu no canto do boudoir e nem as pragas de Agláia, levada à força para a sala de jantar, conseguiam tirá-la do torpor.

Logo que as portas e as janelas foram fechadas, Ivan Fiodorovitch aproximou-se da jovem e ajudou-a a se levantar.

— Vamos, Violeta! Vou lhe dar água mineral, que a refrescará — disse, levando-a para o dormitório e trancando a porta.

Seguindo-o docilmente, ela nem reparou nisso. Quando um novo trovão estremeceu a casa, ela apertou-se contra Ivan Fiodorovitch e balbuciou:

— Tenho medo!

— Tem medo por que, se estou com você? O que é isso? Acalme-se, sua maluquinha! Esqueça que está trovejando lá fora e olhe como está tudo calmo e cheio de amor aqui — acrescentou ele, colocando-a num sofá baixo e macio.

Era o mesmo quarto onde outrora dormiam os recém-casados, onde nasceu a infortunada Olga e onde Ksenia Aleksandrovna lutava contra a morte, derramando lágrimas após o sequestro de sua filha. Mas todas essas lembranças não tinham valor algum para aquele egoísta que não reconhecia outra lei a não ser seu capricho, seu alvo, seu prazer.

Embriagada com o vinho e com o aroma pesado de rosas e de resedá[2] que saturava o quarto, Violeta encostou a cabeça no ombro de Ivan Fiodorovitch e,

---

2 Resedá - Gênero de plantas da família das Resedáceas, nativas do hemisfério norte, cultivadas para extração de óleo essencial e de tintura amarela.

como num sonho, ouvia suas palavras de paixão sem mais resistir a seus beijos ardentes, esquecendo até a tempestade. Ao mesmo tempo, parecia que toda a natureza estava se revoltando. O vento uivava, curvava e quebrava as árvores, a chuva misturada com granizo batia contra os vidros.

— Violeta, minha querida. Diga que me ama! — exclamou Ivan Fiodorovitch, apertando-a contra seu corpo.

Movida pela última faísca de consciência, Violeta tentou empurrá-lo e balbuciou:

— Deixe-me!

Mas ao encontrar seu olhar flamejante e cheio de ira e repreensão, ela amoleceu de repente e, ao abraçar Ivan Fiodorovitch pelo pescoço, sussurrou:

— Sim, sim. Eu o amo.

Naquele instante, um raio passou pela fresta entre os reposteiros e iluminou o quarto com uma luz verde-claro, apagando a luz rosada da lâmpada. Em seguida, uma trovoada terrível sacudiu a casa de tal maneira que as janelas e os frascos no banheiro tiniram. Violeta gritou de pavor, pensando que o raio havia atingido a casa, mas Ivan Fiodorovitch estava cego e surdo. A satisfação da vitória alcançada encheu todo o seu ser. O desejo bruto e animalesco apagou nele todos os sentimentos.

Já era tarde quando Violeta acordou. Estava sozinha. No primeiro instante, seu olhar confuso vagou pelo ambiente desconhecido. De repente, um roupão de veludo jogado sobre a poltrona despertou sua memória. As cenas da noite anterior passavam diante dela ainda vagas, mas bastante significativas para fazê-la perceber que estava irreversivelmente perdida. O rosto da moça ardeu. Com um gemido rouco ela escondeu a cabeça nos travesseiros e chorou amargamente. A vergonha e o desespero apertavam-lhe o coração. Sentiu-se terrivelmente infeliz e humilhada.

Finalmente se levantou, arrumou o cabelo em frente ao espelho e se vestiu. Quase com nojo olhou para seu rosto empalidecido, os lábios tremendo e as lágrimas começaram a sufocá-la novamente. O que seria dela agora? Estava tudo acabado. Seria rebaixada ao nível de suas amigas levianas. Será que tomaria o mesmo rumo delas?

Naquele momento, Ivan Fiodorovitch estava num maravilhoso estado de espírito. Admirava-se com a nova conquista. A ingenuidade e a timidez da jovem aumentavam ainda mais seu encanto. O fato de ter empurrado aquela criatura jovem e inocente para a lama não pesava em sua consciência acomodada e ele não sentia remorso nenhum.

Ivan Fiodorovitch se levantou cedo. Queria ver os estragos que a tempestade havia feito e ordenar um café da manhã requintado para os hóspedes. Depois de dar ordens ao cozinheiro, certificando-se de que todos estavam dormindo, saiu para o jardim e viu que a árvore que ficava perto da janela do dormitório tinha sido atingida pelo raio e estava rachada ao meio até a raiz. A tempestade também causou muitos danos no jardim.

Ao ver Violeta pálida e de olhos inchados na frente do espelho, Ivan Fiodorovitch quis abraçá-la e secar suas lágrimas com beijos, mas ela o afastou e pôs-se a chorar.

— O que você fez comigo? Por que me levou à perdição? — inquiriu Violeta com voz entrecortada.

— Minha pequena maluquinha. Não levei você à

perdição. Apenas prendi você com laços amorosos. Daqui por diante viverei somente para fazê-la feliz — respondeu Ivan Fiodorovitch, obrigando-a a sentar-se no sofá.

Recorreu aos artifícios de sempre para neutralizar os receios e a desconfiança da moça e despertar nela esperanças.

— Quero acreditar que ao se apossar da minha vida você não pretende arruiná-la definitivamente. Diga-me — Violeta pôs os braços sobre os ombros de Ivan Fiodorovitch, olhando para ele com aflição —, você se casará comigo já que me ama tanto? Não sou uma qualquer!

Ivan Fiodorovitch teve um desejo incontrolável de rir, tão ridículas lhe pareceram as pretensões daquela principiante de opereta. Evidentemente nem lhe passou pela cabeça uma idéia semelhante. Mas como seria imprudente assustar a moça logo no começo, respondeu-lhe, sem hesitar:

— É essa a minha intenção sincera, querida. Mas, infelizmente, não estou livre para realizar isso agora como você gostaria. Precisamos ter um pouco de paciência.

— Por quê? Quem e o que pode lhe impedir de se casar comigo? — perguntou Violeta, empalidecendo.

— Ah! Minha adorável Violeta! Para explicar isso devo lhe contar o drama de minha vida, mas não tenho segredos para você. Estive casado, por amor, é claro! Mas minha mulher preferiu outro a mim...

— Meu Deus! Será possível trocar você por qualquer outra pessoa? Ser sua esposa é uma felicidade — observou ingenuamente Violeta.

Um sorriso vaidoso perpassou os lábios de Ivan Fiodorovitch.

— Ela não me amava como você, minha querida. Talvez tenha-se casado para obter uma condição, porque não possuía bem nenhum. Mas vamos deixar os detalhes deste drama familiar para outra vez. O problema é que o rival era meu próprio irmão. Não queria atrapalhar a felicidade dos dois e concordei com o divórcio, assumindo a culpa, para dar plena liberdade à minha mulher. Eles já se casaram, mas, eu, pela lei, devo esperar mais dois anos antes de ter novamente o direito de contrair matrimônio. Você poderia esperar dois anos, não?

— Como pode me fazer essa pergunta? Agora que conheço sua bondade e sua generosidade amo-o mais ainda — respondeu Violeta.

Ela era ingênua, jovem e apaixonada demais para entender que ele apenas queria ganhar tempo.

No mesmo dia, Violeta e sua camareira se mudaram para a casa de Ivan Fiodorovitch na ilha de Krestovski. Para a moça, começou uma vida alegre e animada, porque Ivan queria se gabar de sua amante encantadora. Foi invejado mais ainda, pois seria impossível roubá-la dele. Violeta era fiel a seu amante, e só tinha olhos para ele.

Aquele verão, Richard Fiodorovitch passava em Petersburgo porque seus filhos tinham pego escarlatina, um após o outro. Um dia, os irmãos se encontraram em frente a uma loja, onde Violeta fazia compras.

— Você aparece demais com essa moça. Deve ser uma sereia muito astuta, pois ainda é muito criança para esse grau de libertinagem — observou Richard Fiodorovitch.

— Está profundamente enganado! Há seis semanas atrás, essa charmosa sereia era totalmente inocente.

— E você não teve vergonha de corrompê-la?

Um sorriso frívolo e cínico surgiu no rosto de Ivan Fiodorovitch.

— Se não fosse eu, outro faria a mesma coisa. Será que acredita que trabalhando numa opereta ela conservaria a virgindade?

Capítulo 15

Nesse meio tempo, Júlia Pavlovna voltou a Petersburgo. Seu marido faleceu, deixando-lhe uma fortuna decente.

Uma manhã, Richard, indo para casa pela rua Liteinaia ao encontro de seu gerente, viu Anastácia. Eles se cumprimentaram. Notando que ela estava de cara amuada, Richard Fiodorovitch perguntou por que não aparecia há tanto tempo em Tsarskoie Selo.[1]

— Ah!... tio! Não faço outra coisa a não ser brigar com a minha mãe. Ela enlouqueceu de vez. Só me causa desgostos e, Deus que me perdoe, parece que quer impedir minha felicidade.

— Venha! Não vamos falar dessas coisas delicadas na rua. Vamos tomar um café lá em casa! Você me contará tudo e talvez eu possa lhe ajudar — disse Richard Fiodorovitch.

Depois do café, Richard foi fumar seu cigarro no escritório e levou Anastácia, convidando-a a sentar-se numa poltrona.

— Agora me fale de suas mágoas e das causas de suas brigas com Júlia.

---

1 Tsarskoie Selo - Antigo nome, até 1918, da cidade de Pushkin, na região russa de Leningrado.

— Isso é simplesmente revoltante! Você sabe que meu pai deixou para a minha mãe cinquenta mil rublos. Ela me escreveu dizendo que quer se instalar definitivamente em Petersburgo e vai comprar uma casa. Eu aplaudi a idéia. Como sou filha única e o dinheiro pertencia ao meu pai, eu acreditava que a casa, com o tempo, seria minha. E que teria um dote e uma parte da renda do capital. Foi isso que eu disse ao capitão Perov, que tem pretensões sérias e com quem quero me casar. Imagine então a decepção que tive quando, duas semanas depois de chegada a Petersburgo, ela me disse que tinha mudado de idéia. Ela encontrou uma antiga conhecida em Paris, com quem quer abrir um hotel aristocrático em Mônaco ou em Nice.[2]

— Mas talvez seja um negócio vantajoso, que pode melhorar sua situação — observou Richard Fiodorovitch.

— Ah! Não! Nada disso! Não me oporia a esse projeto se acreditasse em algo semelhante. Não, tio! As especulações de minha mamãe nunca incluem meus interesses. Se ela for morar em Nice com a canalha da sócia dela, com certeza vai arranjar um amante, pois se considera uma sedutora. Esse amante certamente vai sugar todo o dinheiro e não sobrará nada para mim. Ela está tão brava comigo que até me recusou mil rublos para o meu enxoval.

— Acalme-se Anastácia! Vou lhe dar três mil para o seu enxoval. Mas quem é essa pessoa que deu a Júlia Pavlovna a idéia de sair da Rússia? Que interesse ela pode ter nesse negócio? — perguntou Richard.

— Pelo visto, essa mulher não tem meios próprios para o tal empreendimento e encontrou uma idiota

2 Nice - Cidade francesa, capital do departamento dos Alpes-Marítimos, situada na orla do Mediterrâneo.

que pode ludibriar facilmente! — exclamou Anastácia, vermelha de indignação. — Sabe, tio, sou profundamente grata pela sua generosidade, da qual, aliás, nunca duvidei. Mas me revolta a idéia de que querem me privar daquilo que me pertence por direito. Tudo isso por causa dessa detestável Wideman...

— Wideman? Quem é Wideman? — perguntou Richard Fiodorovitch com visível interesse.

— Só sei que ela é de Riga e, como ela mesma diz, é viúva de Wideman, um cidadão da Prússia.[3] Eu soube disso há pouco tempo. Conheci essa mulher em Nice, quando minha mãe me levou ao exterior. Naquela época, ela se chamava senhora Carolina Priunelle. O homem que se declarava seu marido tinha uma pensão, onde minha mãe e eu alugávamos um quarto. Já naquele tempo minha mãe tinha muita amizade com a senhora Carolina. Voltando da América, elas se encontraram novamente em Paris e as duas vieram a Petersburgo. Provavelmente esse projeto surgiu durante a viagem.

— Você sabe para que essa Wideman veio à Rússia e onde ela está morando atualmente?

— Ela fez uma viagem a Riga para visitar os parentes, mas hoje de manhã voltou a Petersburgo. Vive no mesmo prédio que nós, num andar acima. Fiquei sabendo que veio à Rússia para cobrar uma dívida de dois mil francos de uma velha atriz que é dama de companhia de Violeta Verni. O mais ridículo é que ela quer exigir dez mil francos da própria Violeta, como recompensa pelo sustento e pela educação dela. Violeta é sua filha adotiva, uma órfã que ela

3 Prússia - Antigo país europeu, na costa do Báltico, que se estendia desde os Países Baixos até a Rússia, onde atualmente se localizam a Alemanha, a Polônia e a Rússia.

criou por caridade. Essa tal Wideman acha que tendo um amante tão rico como o tio Ivan, ela poderá lhe pagar esse dinheiro e... o que há com você, tio? Está terrivelmente pálido! Sente-se mal?

— Não, não é nada. Ultimamente ando tendo vertigens — respondeu Richard, tentando conter a emoção. — Mas vamos voltar ao assunto inicial! O que já me contou prova sua razão. Não há dúvida que essa senhora Wideman é uma aventureira e pode facilmente roubar sua mãe. Vou me informar a respeito dela e talvez possa lhe ajudar a afastar esse perigo.

— Oh!... tio! Agradeço muito. Como você é bom!

— Não me agradeça antes que eu faça alguma coisa. Por enquanto, me dê o endereço dessa velha atriz.

Ao receber o endereço desejado, Richard Fiodorovitch apressou-se em se despedir de Anastácia. Precisava ficar sozinho. Aquilo que acabara de saber o agitou incrivelmente. Wideman tinha uma filha adotiva e essa filha era Violeta Verni. Richard esforçou-se para afastar a idéia de que estava diante de um plano diabólico em execução e decidiu esclarecer tudo, partindo imediatamente para a investigação, a começar pela senhora Leclerc.

Agláia morava agora num quarto mobiliado, pago por Ivan Fiodorovitch. Além disso, tinha um papel no teatro, arranjado também por ele.

A senhora Leclerc acabava de voltar de um ensaio e recebeu o nobre visitante com caretas ostentando amabilidade. Por um instante, ela quase sonhou com uma conquista, mas a primeira pergunta de Richard a fez voltar à realidade. No entanto, Agláia era astuta demais para mostrar sua decepção e respondeu, procurando parecer prestativa:

— Posso contar com prazer tudo o que sei a respeito de Carolina e de suas relações com Violeta.

— Ser-lhe-ei profundamente grato e acredite que saberei recompensá-la — respondeu Richard Fiodorovitch, colocando duas notas sobre a mesa. — Aceite isto para comprar bombons, o que não tive tempo de fazer na minha pressa em vê-la.

O rosto de Agláia floresceu.

— Conheço a senhora Wideman há muito tempo. Ela veio da Rússia com meu primo Jaques Verni. Era um artista talentoso, mas muito doente. Os dois viviam em Nancy.[4] Nunca me encontrava com eles porque tinha um contrato em Marselha,[5] mas sabia que ela havia trazido consigo uma menina órfã, que adotou por caridade. Depois da morte de Jaques eu a perdi de vista e só mais tarde soube que ela tinha ido embora de Paris com um novo amante, o italiano Priunelle, e passou a viver com ele em Nice. Mas reservou um pequeno apartamento no subúrbio de Paris, do qual tomava conta uma professora aposentada que, em recompensa, ocupava um quarto, alugando os outros três. Eu mesma passei lá três ou quatro meses, onde encontrei Violeta pela primeira vez. Ela tinha oito ou nove anos e cumpria as obrigações de criada. A menina era bonita, cuidadosa e prestativa e todos em casa a amavam. Tive de deixar Paris e só reencontrei Violeta quatro anos depois. Aconteceu uma desgraça comigo: peguei um resfriado e minha voz ficou tão prejudicada que fui obrigada a desistir do palco. Voltei a Paris e me instalei no mesmo quarto que ocupava antes. Minha vizinha também fora atriz dramática. Ela dava aulas de declamação e eu, de canto. Um dia, uma amiga minha, a senhora Pignole, chamou minha

4 Nancy - Cidade francesa, capital do departamento de Meurthe-et-Moselle.

5 Marselha - Cidade do sul da França, capital da região da província de Costa Azul.

atenção dizendo que Violeta tinha uma voz linda e prometia ser muito bonita; enfim, que ela podia se tornar uma excelente atriz. Gostei da idéia. Quando Carolina veio passar alguns dias em Paris, perguntei a ela se estaria de acordo com a nossa intenção de ensinar canto e declamação a Violeta. "Oh! Claro! Se seu bom coração lhe sugere isso!... Porque pagar pelas aulas, eu não posso", respondeu ela, rindo e acrescentou: "Foi o próprio diabo quem me colocou nas costas essa meninota. Mil vezes amaldiçoei a minha besteira e daria tudo para devolvê-la ao lugar de onde a peguei."

Confesso que, ao ouvir essas palavras, comecei a suspeitar que havia algum mistério ligado à menina, mas isso não era da minha conta. Pignole e eu achávamos que Violeta, depois de entrar no palco, recompensaria todo nosso empenho e começamos o trabalho. Violeta foi ótima aluna em tudo o que se referia à arte. Só não gostava de nosso repertório — Agláia deu um risinho irônico — porque aspirava à ópera, ou ao drama, mas teve de se contentar com a opereta. Ela teve sucesso e, se não fosse tola, já teria-se arranjado muito bem. Em todo caso, devo reconhecer que ela pagou todos os nossos esforços e até hoje se sente grata a mim. Eis tudo o que sei sobre Violeta. Quanto a Carolina Wideman, ela está aqui na cidade agora e o senhor pode conversar com ela pessoalmente. Oh! É uma pessoa muito ardilosa e sem-vergonha. Afirmo isso sem receio. Agora ela quer cobrar de Violeta uma grande soma para compensar gastos que nunca teve e faz essa exigência descarada só porque Violeta tem um protetor generoso — confidenciou.

Sem interromper, Richard ouviu o longo relato da velha atriz. À medida que as circunstâncias confirmavam a possibilidade de Violeta Verni ser a criança sequestrada à beira-mar, em Gapsal, uma aflição apertava seu coração. Mas ainda queria pôr tudo à prova.

— E onde vive atualmente Violeta Verni?

Agláia, então, lhe deu o endereço da casa de campo na ilha de Krestovski. Richard decidiu ir para lá imediatamente. O terrível mistério devia ser desvendado ainda naquele dia.

Ao tocar a campainha da casa, repleta de lembranças, Richard sentiu calafrios pelo corpo inteiro. Sairia daquela casa livre do asqueroso pesadelo ou convencido da terrível verdade? Verdade essa que seria um golpe mortal para sua amada mulher.

O criado lhe disse que o patrão ainda não tinha voltado do serviço e que a patroa, embora em casa, não recebia ninguém na ausência dele.

— Peça à senhora que abra uma exceção para mim. Tenho um assunto importante e inadiável — insistiu Richard, entregando-lhe seu cartão de visita.

Um minuto depois, ele entrava na sala, onde Violeta o esperava com seu cartão de visita na mão. Ela usava um vestido simples de musselina branca com fita cor-de-rosa na cintura, amarrada em um grande laço atrás. Na mesa, estavam flores que, provavelmente, acabara de trazer do jardim. Na poltrona, estava um grande chapéu de palha. Viçosa e jovem, ela parecia mais criança do que mulher.

Richard Fiodorovitch a olhou com medo. Será que estivera cego? A testa saliente, o nariz reto, os cabelos negros... ela era a cópia de Ivan! E aqueles olhos pensativos e tristes, a pequena boca com sorriso melancólico, eram, sem dúvida, de Ksenia.

Surpresa e embaraçada pelo silêncio e pelo olhar estranhamente escrutador do visitante, Violeta perguntou:

— O que o senhor deseja e com quem tenho a honra de falar? Seu sobrenome me faz supor que seja parente de Ivan.

— Sou irmão dele. Gostaria de lhe falar sobre um assunto muito importante que concerne pessoalmente a você. Não se oporia em me dar algumas indicações a respeito de seus pais, de sua infância e das lembranças daquela época? — perguntou Richard, fazendo esforço para se controlar.

As faces do rosto encantador de Violeta coraram. Convidando-o a sentar-se, ela disse, depois de uma hesitação momentânea:

— Ah! O senhor está tocando numa ferida profunda. Não sei nada sobre meus pais e sobre minha infância. Às vezes, algumas lembranças me perseguem, mas são tão vagas que eu me pergunto: não seria tudo aquilo um sonho?

— Não tome como uma curiosidade se lhe pedir que me conte suas lembranças, mesmo que vagas, e tudo o que possa servir para esclarecer sua origem. Acredite que só motivos muito sérios me obrigam a incomodá-la com essas perguntas tão indiscretas.

— Não tenho o que esconder, pelo contrário. Suas perguntas são expressões de simpatia e despertam em mim as antigas esperanças, o desejo de penetrar no mistério do meu passado e encontrar meus pais, ou, pelo menos, saber quem eram e onde viviam — respondeu Violeta com voz emocionada. — Primeiro, direi aquilo que sei e depois, aquilo que suponho. Na época em que começam minhas lembranças nítidas, eu vivia com a senhora Wideman. Segundo suas afirmações, sou órfã e ela me acolheu por caridade, mas nunca disse uma palavra sobre a posição social de meus pais, sobre a morte deles e os motivos que a levaram a me adotar. Foi severa, raivosa e me tratava mal. Ainda muito pequena, eu servia de empregada, e ela, às vezes bêbada, me dava safanões e gritava: "Vou aprontar isso para eles! Vou fazer de você uma cocote!" Para mim foi uma verdadeira libertação quando tia Carolina viajou para Nice e a casa ficou sob os cuidados da senhora Dumont. Era uma velha professora que vivia dos juros do dinheiro que conseguira poupar com muita dificuldade. Ao se certificar da honestidade dela, tia Carolina lhe confiou o gerenciamento de seus quartos mobiliados, permitindo, em compensação, que usasse um deles de graça. Essa santa mulher simpatizou-se comigo, livrou-me do trabalho pesado e começou a me dar aulas. Devo minha formação a ela. Foi ela quem despertou as primeiras dúvidas a respeito da legitimidade de minha adoção pela senhora Wideman e procurava reavivar em mim as lembranças de minha tenra infância. Foi o melhor período de minha vida.

Mais tarde, apareceram em nossa casa duas velhas atrizes, Leclerc e Pignole, que tiveram a infeliz idéia de fazer de mim uma atriz de opereta. Sobre os anos desagradáveis que se seguiram não vou contar nada. Eu sempre senti aversão ao palco e o ensino foi um castigo para mim. Mas não é essa a questão. Completei treze anos, quando caiu em minhas mãos uma lembrança material sobre minha infância. Um dia recebemos o aviso da chegada da senhora Wideman e tive de arrumar o quarto, sempre reservado para ela. Num velho armário achei uma mochila com objetos infantis. Depois eu os mostrarei. A partir daquele dia, tive certeza de que Carolina não tinha nenhum direito sobre mim e que talvez tivesse me sequestrado, porque aqueles objetos me lembraram uma bonita e elegante senhora que me segurava nos braços, me acariciava e me beijava. Lembrei-me também de um menino que brincava comigo. Mas espere, vou lhe mostrar essas coisas! — disse a jovem.

A emoção com que Violeta falava crescia a cada instante. Ela correu para o seu quarto e trouxe de lá um pacote. Colocou-o na frente de Richard e o abriu. Este, incapaz de falar, ouvia a moça com o coração pesado, revoltando-se contra a evidência de que a criança procurada com tanto desespero, por quem tantas lágrimas foram derramadas, era aquela mesma criatura perdida que estava diante dele.

"Oh! Para que fui achá-la? Por que não morreu esta infeliz criança?", pensava ele.

Entregue à sua própria emoção, Violeta não reparava na emoção do visitante. Com as mãos trêmulas, ela colocava na frente de Richard uma pequena camisola, meias listradas, sapatilhas de couro dourado e um vestido de fustão branco enfeitado com rendas, tantas vezes descrito por Ksenia Aleksandrovna. Depois, tirou uma fina corrente de ouro, da qual pendia uma cruz de ouro e a imagem da Virgem Maria. Desempacotando tudo o que chamava de suas relíquias, Violeta continuou falando, atropelando as palavras e cortando as frases, tal era sua pressa. Seus olhos estavam cheios de lágrimas.

— Que coisa estranha! Nesta casa, minhas lembranças tornaram-se mais vivas. Da janela do vestiário dá para ver um carvalho grosso e o balaústre do terraço. Poderia jurar que já tinha visto tudo isso e também o velho relógio-cuco. Quando vi a inscrição "O.G." com a coroa... a camisola e a calça de cambraia... meus pais devem ter sido pessoas de posses e... religiosas. A cruz e a imagem provam isso. Ah! Sim!

Lembro-me que essa dama me chamava por outro nome, não por Violeta. Mas não consigo lembrá-lo.

— Olga! — falou Richard involuntariamente, sem tirar os olhos da inscrição que eliminava as últimas dúvidas.

A moça se calou e apertou a cabeça com as mãos.

— Você disse Olga? É exatamente o nome que eu tinha e que não conseguia me lembrar! Quer dizer que você conhece meus pais? Onde estão? Fale!... Fale, por favor!

Violeta agarrou a mão de Richard e só então percebeu sua terrível emoção. Uma compaixão misturada com algo indefinido expressava-se em seu olhar e soava em sua voz quando ele balbuciou baixinho:

— Pobre criança! Para que a encontrei?

Violeta deu um passo atrás. Uma palidez sucedeu ao rubor de seu rosto. Durante um minuto, seus olhos bem abertos passavam por Richard, depois pelos objetos na mesa e de novo por Richard. De repente, ela soltou um grito e lágrimas jorraram de seus olhos.

— Você é meu pai! A inscrição "O.G." significa Olga Guerouville! Sente vergonha por eu ser atriz de opereta e amante de seu irmão? Mas será que minha culpa é tão grande que não pode me perdoar? Sou muito jovem e indefesa. Zombavam de mim por eu não ter um amante e mesmo assim queria ser honesta. Lutei e resisti até aquela noite fatídica em que Ivan me trouxe aqui e me obrigou a tomar tanto champanhe que perdi a razão e a força de vontade. Eu o amo. Ele é bondoso e prometeu se casar comigo.

Richard Fiodorovitch se levantou. Ele não conseguia pronunciar uma só palavra. Sua respiração estava presa. Definitivamente estava perdido diante das complicações infernais do drama familiar. Mas quando ouviu a que perfídia recorrera seu irmão para seduzir aquela pobre criança, sentiu ódio daquele desavergonhado, sedutor inescrupuloso, que não tinha limites em seus desejos e levara a própria filha à perdição, sem saber, é claro! Mas como revelaria isso a Ksenia e a Olga? Como daria aquele golpe mortal às duas?

Em seu estado de emoção, não ouviram a campainha depois da qual apareceu na sala Ivan Fiodorovitch. Surpreso e descontente, ele olhou para seu pálido e transtornado irmão e para o rosto de Violeta, banhado em lágrimas. Suas sobrancelhas negras estavam franzidas.

— O que está acontecendo aqui? O que significa esta visita, Richard, e as lágrimas de minha adorada Violeta? Será que ele se atreveu a ofender você? — gritou, irado.

— Ivan, Deus trouxe você aqui! Diga para meu pai que você vai se casar comigo! Ele acabou de descobrir que eu sou Olga, a filha dele sequestrada ainda pequena pela maldosa Wideman! E agora ele sente vergonha de mim por eu ser sua amante!

Violeta se calou de repente e ficou imóvel porque Ivan Fiodorovitch soltou um ronco como se tivesse recebido um forte golpe no peito e encostou-se numa cadeira. Estava branco como a própria morte. Seus olhos arregalados fitavam a jovem com tamanho terror que não entendia o que estava se passando.

A revolta de Richard Fiodorovitch deu lugar a uma profunda comiseração. Ele entendeu que, apesar da leviandade e do cinismo, o irmão fora fulminado pelo horror de seu crime. Ele pegou a mão gelada de Ivan e apertou-a fortemente.

— Coragem, meu pobre amigo! Você não sabia que pecado estava cometendo.

Como se acordasse do torpor, Ivan Fiodorovitch tirou sua mão e, sem responder uma palavra, sem olhar para Violeta, que permanecia imóvel, foi para o dormitório e trancou a porta.

Ficando só, sentou-se na poltrona, recostou a cabeça e fechou os olhos. Os ouvidos zumbiam, a respiração estava presa. Seu cérebro fervia.

Mil imagens do passado distante surgiam em sua memória e eram tão reais que lhe causavam uma dor quase física: ali, onde ele estava sentado, lhe haviam colocado nas mãos uma almofada bordada com um pequeno ser rosado de olhos grandes e inocentes; depois, veio a imagem de uma criança que tentava dar seus primeiros passos; já crescida, corria pelo jardim, recebendo-o com alegria quando ele chegava em casa; brincava com ele no sofá que ficava naquele mesmo lugar, perto da penteadeira.

Parecia-lhe que estava sentindo a menina de cachos pretos e de olhos brilhantes subindo em seu colo, rindo, abraçando-o com suas mãozinhas macias, beijando-o e falando sem parar: "Vamos logo, papai, vamos almoçar!"

Mas agora, naquele mesmo quarto onde ela nascera, ele havia profanado e levado à perdição a própria filha, tornando-a vítima de suas paixões animalescas. Ali ele abusara impiedosamente de sua ingenuidade, de sua solidão e de sua inocência. Mas que diabo se intrometera em seu destino e o levara àquele terrível desfecho?

Um gemido parecido com pranto saiu da boca de Ivan Fiodorovitch. Apesar de seu egoísmo, de sua leviandade e da ânsia por prazeres, o sentimento paterno conservou-se intacto em sua alma. A criança para ele era uma criatura sagrada. De repente, com um tremor supersticioso, se lembrou da terrível tempestade naquela noite funesta. Parecia que a própria natureza se revoltava e queria preveni-lo do crime que cometia.

Que futuro esperava por ele agora? Como confessaria a verdade a Ksenia e a Olga? Como suportaria a infâmia, o constante remorso e o iminente escândalo?

Ivan Fiodorovitch sentia que estava perdendo a razão. Não estava acostumado a sofrimentos. Em sua vida de prazer e egoísmo, nunca passara por uma luta moral interna. Eis que, subitamente, recebera um golpe que abalou todo o seu ser e mudou todos os seus sentidos. Ele olhava a si mesmo com terror.

Sentia arrepios só de pensar em encarar Olga e ler em seus olhos o pavor, a censura e o desprezo ao pai que era o seu próprio amante.

A vida que ele tanto amava de repente tornou-se um peso insuportável e a morte lhe pareceu uma redenção e o único meio de cortar o nó górdio[6] que o destino fizera. Com sua veemência e insensatez, ele se agarrou à idéia do suicídio como a uma âncora de salvação. Sim, era preciso fugir! Fugir daquela vergonha e daqueles sofrimentos terríveis que atormentavam sua alma.

Levantou-se e, com passos firmes, dirigiu-se à cômoda e puxou uma das gavetas.

❁ ❁ ❁

Depois que Ivan Fiodorovitch saiu, instalou-se na sala um profundo silêncio. Finalmente Violeta atirou-se a Richard Fiodorovitch e pegou sua mão.

— Deus misericordioso! O que significa isso? Explique-me, não estou entendendo absolutamente

6 Nó górdio - Nó que não se desata.

nada! Por que a notícia de que sou sua filha perturbou tanto Ivan? Sinto que há algum terrível mistério nisso.

O corpo inteiro de Violeta tremia. Seus olhos expressavam desespero. Richard sentiu uma dor imensa no coração.

— Minha pobre criança! Acalme-se e tenha paciência! — respodeu, apertando suavemente a mão de Violeta. — Na vida acontecem fatalidades. Não vou negar que seu destino é uma consequência sinistra delas.Você saberá de tudo com o tempo. Agora tenho uma boa notícia para você: sua mãe está viva e espero que a encontre ainda hoje.

— Minha mãe está viva? Então me leve logo para vê-la! Se minha lembrança é certa, ela deve ser muito bonita e bondosa! — exclamou Olga.

Seu rosto se iluminou com alegria e esperança. Naquele exato instante, do quarto contíguo, ouviu-se o som de um tiro e, logo em seguida, de um tombo. Com um grito de horror, Olga correu para a porta, mas estava trancada. Então, ela e Richard conseguiram penetrar no dormitório pelo banheiro. No tapete, perto da cômoda, viram Ivan Fiodorovitch estirado, segurando ainda uma pistola em sua mão trêmula.

Olga, como uma demente, se atirou sobre ele e banhando-se em lágrimas cobriu-o de beijos, mas Richard afastou-a do ferido.

— Deixe-me ver a ferida e chame os criados! — disse.

Mas a criadagem já estava na porta, alarmada pelo tiro. Ivan Fiodorovitch foi colocado na cama. Um dos serviçais, pálido e aflito, foi correndo buscar o médico.

Richard desabotoou o colete do irmão e certificou-se de que o coração, embora fraco, ainda batia. No peito via-se uma ferida sangrando. Richard Fiodorovitch molhou seu lenço em água fria, colocou-o na ferida e amarrou o peito com uma toalha. Feito isso, lembrou-se de Olga. Viu-a desmaiada num canto do quarto. Levou-a para a sala de visitas e colocou-a no sofá, mas não tomou providências para fazê-la voltar a si; o despertar para a terrível realidade iria acontecer de qualquer maneira cedo demais.

Meia hora depois chegou o cirurgião. Ao examinar o ferimento, ele disse, balançando a cabeça:

— A arma estava bem apontada. Inevitavelmente atingiria o coração se, por um milagre, a bala não fosse desviada pelo anel que prendia o relógio. Mesmo assim, o ferimento é tão sério que não posso assegurar que seu irmão vá sobreviver. É necessário extrair a bala imediatamente e chamar uma enfermeira.

Durante a operação, Ivan Fiodorovitch voltou a si. Os gemidos mostravam seu sofrimento. Depois que o curativo foi colocado, ele recuperou completamente a consciência e seu primeiro gesto foi tirar a bandagem.

— O que está fazendo? Quer cometer mais um pecado em lugar de se ajoelhar perante Deus e suplicar por perdão? — sussurrou Richard, segurando sua mão.

— Eu quero morrer. Não quero nem posso viver — balbuciou Ivan Fiodorovitch com uma voz quase inaudível.

Ele estava muito fraco e fechou os olhos. Enquanto não chegava a enfermeira, Richard Fiodorovitch conversava baixinho com o cirurgião. De repente, na porta do quarto apareceu Olga, pálida e transtornada. Como uma sombra, ela deslizou até a cama e apertou seus lábios contra a mão imóvel de Ivan. Depois, inclinando-se sobre ele, disse com voz trêmula:

— Ivan!

O ferido estremeceu, começou a se agitar e no seu

rosto pálido surgiu uma expressão de desespero e de pavor indescritíveis.

O cirurgião aproximou-se em seguida, afastou Olga e sussurrou para Richard Fiodorovitch:

— Pelo amor de Deus, leve daqui esta jovem! Sua presença prejudica o estado do ferido, causando nele uma agitação perigosa. Ela não deve mais entrar aqui.

Na sala, com Richard, Olga exclamou, apertando as mãos contra o peito:

— Deus todo poderoso! O que significa isso? Desde que soube que você é meu pai, eu inspiro pavor a Ivan! Ele não me ama mais! Você é um pai cruel, já que esconde aquilo que tenho direito de saber — e as lágrimas a impediram de continuar.

— Minha pobre criança, vou buscar sua mãe. Ela vai lhe dizer toda a verdade. Enquanto isso, reze para que Deus lhe dê apoio — respondeu Richard Fiodorovitch, carinhosamente passando a mão pela cabeça de Olga.

Ele despediu-se do cirurgião e saiu apressado, com medo de perder o trem.

Capítulo 16

Nunca Richard Fiodorovitch tinha chegado em casa com o coração tão pesado. Que terrível golpe ele ia desferir em sua mulher! Mas não podia calar nem adiá-lo.

Ksenia Aleksandrovna esperava por ele impaciente e preocupada. Quando saiu, às nove horas, o marido lhe prometeu que voltaria às duas da tarde, mas já eram sete horas da noite e ele ainda não havia aparecido.

Finalmente, às nove, ele chegou, mas estava tão pálido e transtornado que a jovem mulher ficou assustada. Sem responder às perguntas e recusando o chá, Richard Fiodorovitch levou a esposa para o escritório e trancou a porta.

— Meu Deus! Aconteceu alguma desgraça? Não é por acaso que o dia todo estive com um mau pressentimento! — exclamou Ksenia, tremendo de nervoso.

— Seu pressentimento não a enganou, minha pobre querida. Trago uma notícia triste. Mas antes de lhe contar, peço que junte todas as suas forças e lembre-se que existem três seres para quem você é a coisa mais preciosa do mundo.

Ksenia Aleksandrovna passou a mão pela testa suada e depois ergueu-se com firmeza.

— Você e nossos filhos estão vivos, sãos e salvos. Portanto, pode me falar sem temor nenhum. Qualquer que seja a desgraça, terei forças.

— Você tem mais uma criança, e trata-se dela.

— Olga! Você encontrou Olga ou ela morreu? — gritou Ksenia.

— Não, ela está viva. Mas talvez fosse melhor se estivesse morta.

— Então a miserável ladra a devolveu e você a encontrou com algum amante. Mas meu Deus, onde?

— Em Petersburgo. Ela é atriz.

— Isso não tem importância nenhuma. Nós a tiraremos desse meio e, com nosso amor, ela voltará à virtude e à felicidade. Mas vamos logo vê-la!

— Foi por isso que vim, para levá-la até Olga. Mas, minha querida, não sabe ainda o pior. Imploro a você, mantenha a firmeza. Olga tem o nome de Violeta Verni e seu amante... é Ivan!

Como se fosse atingida por uma bala, Ksenia caiu no sofá e agarrou a cabeça com as duas mãos. Mas de sua boca não saiu nenhum grito. Parecia que sua cabeça estava se despedaçando. De repente, ela se levantou, empurrou o frasco com sais que o marido queria lhe dar para que cheirasse e, fora de si, gritou:

— Oh! Miserável! Só lhe faltava essa vítima!

— Tenha piedade dele! Ivan não sabia que crime estava cometendo e ele mesmo já se castigou. Ao saber quem realmente é Violeta, tentou se matar atirando no peito e, provavelmente, não poderá sobreviver. Aqui na Terra ele já pagou sua dívida. O resto está nas mãos de Deus.

Em poucas palavras, Richard contou o que havia acontecido e disse que gostaria de ir com Ksenia Aleksandrovna para tirar Olga daquela casa desafortunada e revelar-lhe a verdade. Ele mesmo não tinha forças para falar com a moça. Por isso, era preciso ter pressa. Ksenia disse que estaria pronta em meia hora, pois levaria as crianças para deixá-las no apartamento da cidade. Por nada no mundo elas ficariam sozinhas em Tsarskoie Selo.

Tudo foi feito como ela queria, mas já era uma hora da madrugada quando a carruagem de Richard Fiodorovitch parou perto da casa na ilha de Krestovski.

O casal entrou pelos fundos porque não queria tocar a campainha, e foi à sala de visitas. Ksenia Aleksandrovna, mal se aguentando em pé de tanta emoção, parou na soleira e em seguida viu Olga, sentada na poltrona, fechando o rosto com as mãos. Pela porta entreaberta ouviam-se os chiados da respiração rouca do ferido.

Richard Fiodorovitch aproximou-se da sobrinha, tocou em sua mão e sussurrou:

— Olga, levante a cabeça! Sua mãe está aqui.

Olga pulou da poltrona como se levasse um choque elétrico. Ao ver Ksenia Aleksandrovna que, pálida e emocionada, estendia-lhe as mãos, atirou-se no seu colo e abraçou-a.

Por um minuto, Ksenia esqueceu de tudo. Finalmente, ela estava apertando contra o peito a criança pela qual tanto chorou. Via novamente aqueles olhos azuis e a boca rosada que ela conhecia tão bem. Parecia que os anos não haviam passado. Era a mesma pequena Olga, cuja face aveludada apertava-se contra seu ombro e seus cachos negros tocavam seu rosto. Por alguns minutos, ela sentiu-se apenas uma mãe feliz. O impulso do amor mais puro que existe no mundo fez bem para Olga. Ela sentiu-se protegida como um passarinho que lutava contra a tempestade e finalmente alcançava seu ninho.

Esse esquecimento durou pouco para Ksenia Aleksandrovna e o despertar foi ainda mais pesado. Mas Olga entregou-se plenamente à sua felicidade. Ajoelhando-se na frente da cadeira, onde estava a mãe, ela abraçou Ksenia como uma criança, olhava para ela com admiração e a cobria de carinhos.

Ela começou a lhe contar sobre as alegrias e as tristezas de sua vida até o trágico acontecimento daquela noite. Com lágrimas nos olhos, implorava que perdoasse sua perdição e que explicasse a estranha atitude de Ivan e o silêncio misterioso de Richard Fiodorovitch, que continuava considerando seu pai.

Como descrever o que sofreu aquela pobre mãe durante esse relato? Como transmitir toda a ira que fervia no seu peito contra a odiosa sequestradora, culpada de tantas desgraças?

Naquele momento, ela sentiu-se incapaz de revelar a verdade a Olga. Seus lábios se recusavam a fazer isso. Inclinando-se para a filha, respondeu baixinho:

— Para responder suas perguntas terei de falar e falar muito sobre coisas tristes. Melhor deixarmos essa conversa para amanhã. Estaremos mais tranquilas. Saiba apenas, minha adorada criança, que meu amor e o amor de Richard levantarão em torno de você um muro impenetrável para a maldade humana. Espero que em nossa companhia sua alma encontre paz. Neste instante, você precisa se deitar e dormir. Eu também vou descansar um pouco. Nós duas estamos cansadas de emoções tão fortes.

Olga seguiu o conselho da mãe. Como realmente estava esgotada e arrasada, física e moralmente, adormeceu rapidamente num sono profundo e pesado.

Ao certificar-se de que Olga estava dormindo, Ksenia Aleksandrovna foi ao dormitório de Ivan, onde estava Richard. A enfermeira preparava compressas. Ksenia ficou ao pé da cama e com uma mistura de amargor e pena olhava para o ferido, que delirava e se agitava na cama. De sua boca saíam os nomes "Ksenia", "Olga", "Violeta", intercaladas por súplicas de perdão com frases amorosas e gritos roucos: "Água!"

Na memória de Ksenia ressurgiram com dolorida nitidez os primeiros dias de sua vida matrimonial com Ivan Fiodorovitch, quando se inclinava para ele e, levantando sua cabeça, dava-lhe de beber. Naquela época, ele também fora ferido pela mesma mulher depravada que raptou sua filha e agora levava Ivan Fiodorovitch ao crime. Será que a Justiça Divina jamais fulminaria aquela criatura desonrada que, para executar sua vingança sem sentido, sacrificara tantos seres humanos e condenara-os a sofrimentos morais tão terríveis?

Sem ter forças para se controlar, Ksenia desabou em prantos. O marido levou-a em seguida a um quarto contíguo e, para distraí-la, começou a comentar os fatos. Aconselhou-a a levar Olga para sua casa assim que ela acordasse, porque era impossível que permanecesse na casa de Ivan. Pediu-lhe também que comprasse um guarda-roupa completo para a moça, pois o atual era para ele asqueroso.

— Eu preciso ficar aqui, pois o estado de Ivan é tão sério que não posso deixá-lo só. Já para você seria mais fácil dizer a verdade à pobre Olga longe deste lugar.

O coração de Ksenia doía, mas decidiu firmemente contar tudo a Olga naquele mesmo dia. Como todos na casa já sabiam que sua filha fora encontrada, a verdade poderia chegar aos ouvidos dela por outros, sem que ela estivesse preparada para isso.

Depois do almoço, Ksenia Aleksandrovna foi fazer compras para a filha. Voltou tão cansada que resolveu se deitar um pouco. Estava se sentindo arrasada, alquebrada e compreendia que precisava de forças para aquela conversa.

Ficando sozinha em seu novo quarto, Olga sentou-se à janela e com indiferença olhava para os pedestres e as carruagens indo e vindo. Estava entregue à tristeza e à aflição. Ela pressentia mais algum infortúnio que pairava sobre seu destino. O crepúsculo aumentou ainda mais seu estado depressivo.

Boris, que entrou no quarto de Olga, começou a conversar com ela:

— Tio Richard, graças a Deus, é muito boa pessoa. Mas ele é o segundo marido de nossa mãe. Como você sabe, nosso pai é Ivan Fiodorovitch, o primeiro marido de quem nossa mãe se divorciou. Ele se feriu acidentalmente quando estava descarregando a pistola. Você já soube? Você...

Boris calou-se assustado, porque Olga deu um grito louco e estridente. Ela pulou do sofá e apertou seu peito com as duas mãos e seus olhos esbugalhados expressavam pavor. De repente, seu rosto ficou rubro, os traços crisparam-se e, levantando os braços procurando por um apoio, caiu no chão como se fosse atingida por um golpe.

O grito louco de Olga, seguido pelo grito de pavor de Boris, atraiu a todos para o quarto. Olga foi colocada na cama. Naquele instante, entrou Ksenia Aleksandrovna, lívida. Bastaram-lhe poucas palavras para entender o que havia acontecido.

Quando Olga acordou não reconhecia ninguém. Ora ardia em brasa, ora caía exausta e gelada. De quando em quando, ela pronunciava:

— Fui amaldiçoada! Deixem-me!

Os médicos disseram que tinha febre nervosa e inflamação da meninge, que complicava seu estado e punha sua vida em risco.

❁ ❁ ❁

Dois dias depois, quando Júlia Pavlovna estava em seu quarto diante do espelho, tirando os cabelos brancos que prateavam seus cachos negros, a porta se abriu e sua filha, visivelmente agitada, entrou voando e caiu numa cadeira.

— Meu Deus, como você é brusca, Anastácia! Irrompe aqui feito uma bomba! E ainda com essa cara!... Parece que a casa está pegando fogo! — resmungou.

Sem dar atenção às palavras da mãe, a moça disse:

— Escute a minha melhor novidade, que mostra perfeitamente como é sua querida amiga, a senhora Wideman.

— Que outra calúnia você inventou sobre aquela mulher honrada? Você a odeia porque ela atrapalha suas pretensões egoístas — respondeu Júlia causticamente.

— Oh! Essa mulher honrada vai ter de responder perante o juiz, pois foi ela quem roubou Olga, a filha de tia Ksenia. Todos os seus crimes foram descobertos. Tio Richard mandou prendê-la e é na prisão que ela vai ficar, ao invés de inaugurar uma pensão em Nice! — objetou Anastácia com ardor.

Em poucas palavras a moça contou tudo o que acabara de saber por Dária. Anastácia queria ver Richard Fiodorovitch, mas Dária disse que os patrões não podiam receber ninguém por causa do estado grave de Ivan Fiodorovitch e da filha de Ksenia Aleksandrovna.

No começo, Júlia Pavlovna ficou embaraçada. A

história era um verdadeiro romance, uma tragédia que poderia acabar mal para sua amiga Wideman. Ficou pasma quando soube que a senhora Wideman era Carolina Breitnaguel, a antiga amante de Ivan Fiodorovitch, uma louca que queria matá-lo. Mas o embaraço logo se transformou em ávida curiosidade. Sem pensar duas vezes, Júlia Pavlovna pôs o chapéu, as luvas e saiu para fazer suas próprias investigações.

Anastácia, depois de refletir por um momento, subiu para o segundo andar. A senhora Wideman ocupava um excelente apartamento mobiliado. Sem suspeitar da tempestade que ia desabar sobre sua cabeça, ela comia frango assado tranquilamente. Estava concluindo a refeição com um grande copo de vinho madeira, quando a porta se abriu e Anastácia apareceu. A moça, sem cumprimentá-la, disse com um sorriso irônico:

— Bom apetite, *mademoiselle* Breitnaguel! Os copos e pratos vazios mostram que se alimentou muito bem! Receio que a notícia que tenho para a senhora estragará sua digestão.

Carolina mediu a moça com seu olhar raivoso.

— Peço-lhe, *mademoiselle* Anastácia, para me poupar de suas brincadeiras de mau gosto. Caso contrário, vou ter de dar queixa à sua mãe. Posso dizer também que não estou com vontade de receber visitas, mas já que me faz essa honra, exijo que me chame por meu verdadeiro nome, senhora Wideman, e não por um nome fantasiado.

— Ah, ah, ah! A senhora rejeita o lindo nome de Breitnaguel? No entanto tinha esse nome, embora há muito tempo, quando atirou no meu tio Ivan Fiodorovitch Guerouville e quando jurou à mulher dele vingar-se de maneira diabólica, o que realizou com tanto sucesso em Gapsal.

Carolina ficou terrivelmente pálida e sua mão gorda apertou a braçadeira da poltrona. Mas, tentando se controlar, ela balbuciou:

— Não entendo do que está falando.

— Ah! Não entende? Nesse caso, vou me expressar melhor — disse Anastácia com ironia. — Saiba que sua honrada atitude em relação à pobre Olga, filha do tio Ivan, foi descoberta. Tudo foi provado e confirmado, desde o momento em que a senhora sequestrou a menina na praia, em Gapsal, até quando Olga, sob o nome de Violeta, tornou-se amante do próprio pai, graças às suas artimanhas. Sabe o resultado dessa descoberta? Tio Ivan tentou se suicidar e Olga está com meningite, à beira da morte. Tio Richard vai processar na justiça a culpada desse embuste diabólico e a senhora será presa.

Carolina se levantou rapidamente. Seu corpo gordo tremia e ela exclamou, com voz rouca:

— Mentira! Mentira! Ninguém ousará me prender! Sou cidadã alemã e vou recorrer ao nosso embaixador!

— Verdade? Acha que sendo cidadã da Prússia a senhora tem o direito de raptar crianças russas e depois fazer delas amantes de seus próprios pais? Vamos ver se seu embaixador tem a mesma opinião e se vai usar toda sua influência para defender uma mulher tão virtuosa que, sabendo que a filha natural tornou-se concubina de seu pai, ainda pretende explorar esse incesto! A carta que a senhora escreveu para Violeta, exigindo dela dez mil francos para compensar os gastos com a educação dela está, nas mãos do tio Richard. Hoje de manhã ele já entregou-a ao procurador, junto com outras provas.

O efeito obtido superou todas as expectativas. Foi surpreendente. Durante alguns minutos, os olhos de Carolina vagaram pelo quarto com expressão de pavor. Toda a covardia de sua alma expressou-se nesse medo diante do castigo que a esperava depois de tantos anos de total impunidade. Carolina estava boquiaberta, como se lhe faltasse o ar. Depois, seu rosto ficou vermelho e ela caiu no chão, arrastando consigo a toalha da mesa que apertava na mão, e estirou-se como morta por entre os cacos da louça e vidros que, tinindo, espalharam-se em torno dela.

Assustada com o resultado demasiado brilhante de sua visita, Anastácia saiu correndo e se trancou na casa da mãe. Ninguém a viu subir e descer a escada. Ao ouvir o som de louça quebrando, entrou uma criada e encontrou a senhora Wideman deitada, sem sentidos. O médico que foi chamado às pressas diagnosticou apoplexia, cujas consequências ainda não podia prever.

Enquanto a mulher perversa, causa de tantas desgraças, foi castigada finalmente pela Nêmesis,[1] suas duas principais vítimas ainda estavam entre a vida e a morte. O estado de Ivan Fiodorovitch se agravou, embora seu organismo forte ainda lutasse. Nos momentos de lucidez, os sofrimentos morais tomavam conta dele e pioravam sua saúde. Richard visitava o irmão diariamente, mas a maior parte do tempo dedicava a Ksenia Aleksandrovna, ajudando-a a cuidar da filha e apoiando-a com seu amor em tal provação.

Sabendo das causas da tentativa de suicídio, ela se compadecia de Ivan e, além disso, torturava-a, dia e noite, a idéia de que ele podia morrer sem se confessar.

Num desses momentos de consciência, a enfermeira Maria inclinou-se sobre Ivan Fiodorovitch e perguntou:

— Não gostaria de ver um padre e comungar?

1 Nêmesis - Deusa grega da vingança; termo particularmente apreciado por Rochester para designar "vingança".

Acredite que o filho de Deus, nosso Senhor misericordioso, é o melhor salvador da alma e do corpo.

O doente abriu os olhos mas não respondeu nada, passando por uma luta interna. Finalmente ele disse, baixinho:

— Está bem! Chame o padre!

A enfermeira escreveu um bilhetinho e o enviou para seu preceptor espiritual, o frei do Monte de Atos,[2] que conhecia há muito tempo.

Em algumas horas chegou Richard, quase ao mesmo tempo que o frei, um homem alto, severo e aacético. Depois de conversar alguns minutos com Richard Fiodorovitch, emocionado e feliz com a decisão do irmão, o padre Aleksei aproximou-se do doente, que se encontrava num sono profundo, e tocou levemente sua mão. Ivan estremeceu e abriu os olhos. Estava em plena consciência. Então, todos os presentes apressaram-se em sair do quarto.

A confissão durou muito tempo. Quando, finalmente, o frei abriu a porta e, na presença de Richard e da enfermeira, ministrou a comunhão ao moribundo, este estava tão fraco que todos pensaram que seria seu fim.

— Está morrendo — sussurrou Richard Fiodorovitch, empalidecendo.

O frei balançou a cabeça e disse:

— Não, não é agonia. É um sono enviado por Deus ao pecador arrependido. Posso lhes dizer que este homem ainda não está preparado para a morte. Portanto, deve viver para redimir seu pecado e purificar sua alma.

---

2 Monte de Atos - República monástica situada numa península da Calcídica, na Grécia, numa zona montanhosa. Nela vivem várias comunidades de monges ortodoxos gregos, remontando as suas origens ao século X. Pertence à Grécia desde 1913.

O frei estava certo. Depois de algumas horas de um sono profundo, as forças do enfermo foram restabelecidas como que por uma fonte misteriosa. A melhora de seu estado era tão visível que o médico declarou, confuso, que se aquele estado permanecesse, a recuperação seria possível.

Depois de três dias, o médico declarou que Ivan estava fora de perigo.

A partir de então, Ivan Fiodorovitch começou a se recuperar rapidamente. Mas se o corpo sarava, sua alma continuava doente. Embora já pudesse se levantar e ficar sentado na poltrona, não queria ver ninguém e proibiu a visita de Dorobkovitch e de outros amigos que chegavam para vê-lo. O padre Aleksei visitava-o regularmente e só ele conseguia tirá-lo do silêncio, mesmo na presença de Richard. Sobre Olga, ele nada perguntava.

Um dia, depois do almoço, o frei estava no quarto de Ivan Fiodorovitch e este, de péssimo humor, finalmente revelou sua censura às pessoas que lhe salvaram a vida.

— Atirei em mim para morrer! Será que faria isso se pudesse suportar esta vida, à qual me seguram à força?

O padre Aleksei balançou a cabeça.

— Quer dizer que pretende repetir a tentativa de suicídio? Pensa seriamente que com a morte tudo se acaba? Que o princípio da razão que nos dá vida se transformará num punhado de cinzas? Ou se considera digno de aparecer diante do juízo divino?

— A vida tornou-se odiosa para mim!... Não posso mais viver! Aquilo que vem depois não me importa!

— Depois, aparecerão sofrimentos e remorsos ainda mais penosos do que os de agora. Já que quer tanto morrer, para que morrer fisicamente? Tente morrer para o vício e para o prazer, aos quais se entregava com tanta paixão. Morra para a vida mundana e para as atrações fúteis, com as quais se deliciou até se fartar. Crie para si uma nova vida e condições para que possa continuar vivendo dignamente.

— Não estou entendendo, padre Aleksei. Não depende de mim criar essas condições. Estou cansado de tudo.

— Sem dúvida! Está cansado de tudo que o mundo perverso, no qual vivia, lhe oferecia. Mas será que tem idéia do mundo e da harmonia que proporcionam concentração e silêncio, oração na solidão, esquecimento de si próprio e uma disciplina rigorosa da alma e do corpo? Olhe para mim. Parece que tenho a mesma idade que você. No entanto, estou beirando os sessenta, trinta dos quais passei no Monte de Atos. Isso é que é uma vida limpa, livre de paixões.

— O senhor quer que eu me torne monge? — balbuciou Ivan Fiodorovitch.

— Salve-me Deus de exigir isso de alguém! Só por vocação é possível se tornar um bom monge. Monges ruins nós temos de sobra. Gostaria de lhe dar apenas um exemplo.

Vendo que os olhos de Ivan lacrimejavam e os lábios tremiam, o frei tirou de si uma cruz de madeira, velha e escurecida, e colocou-a na mão de Ivan.

— Esta cruz me foi legada por um velho ermitão do Monte de Atos, que durante cinquenta anos orou segurando-a nas mãos. Nela está concentrada uma força diferente e benéfica, por isso nunca me separo dela. Eu a deixarei para você até amanhã. Que a alma do velho Irineu lhe dê apoio e lhe ajude a encontrar o caminho até Deus!

Sem esperar pela resposta, o monge se levantou e saiu do quarto. Ficando sozinho, Ivan Fiodorovitch olhou com superstição para a pequena cruz.

Durante os longos anos de sua vida desregrada, entregue a prazeres e casos amorosos, ele se esqueceu de Deus; a religião era apenas formalidade para ele. Por alguns minutos, tentou em vão se lembrar de alguma prece, mas, de repente, quase inconscientemente, começaram a sair de sua boca as maravilhosas palavras:

"Pai nosso que estás no Céu..."

À medida que pronunciava a oração, que expressava todas as necessidades e obrigações do ser humano, sentiu que sua alma precisava elevar-se e alcançar a fonte da misericórdia divina, da qual havia falado o frei. Cambaleando, ele chegou até a porta e fechou o trinco. Depois, colocou-se diante da imagem do Cristo Redentor que estava num canto e, apertando a cruz do ermitão contra o peito, ajoelhou-se e começou a orar. Pela primeira vez na vida sentia paz em sua alma, julgava a si próprio, implorando misericórdia ao Criador e rendendo-se à mão justiceira que o punia.

Quando, no dia seguinte, o padre Aleksei chegou, Ivan Fiodorovitch o abraçou e pediu a ele que dedicasse uma hora por dia a orientá-lo.

— Quero me dedicar seriamente aos assuntos religiosos. Vou pedir demissão e, depois que estiver mais tranquilo, decidirei meu futuro.

Richard, que chegou à noite, foi recebido com uma ternura incomum e estranhou também a calma e a seriedade do irmão. Disse a Ivan que em breve viajaria para a Criméia com a família toda para tratar da saúde.

— Olga e Ksenia estão doentes? — perguntou Ivan Fiodorovitch com voz baixa.

— Você acertou. Olga ficou muito doente, mas agora está se recuperando. Esperamos que um ambiente novo, onde nada lhe lembrará o passado, faça bem para ela.

— Quando Olga tiver forças para superar tudo que se passou, diga-lhe que seu pai implora perdão e pede que ela reze por ele.

— Acredito que ela já o tenha perdoado e que está rezando por você, pois tem alma de anjo. Você já sofreu castigo suficiente por seu pecado involuntário. Posso lhe dar uma notícia. Aquela miserável que raptou sua filha ficou paralítica quando soube que seu crime foi descoberto. Não pode mexer nem os braços nem as pernas. Pois é! A Justiça Divina tarda, às vezes, mas não deixa impune nenhum crime.

Epílogo

Numa linda manhã do final de setembro, encontramos Ksenia Aleksandrovna com toda a família no terraço de uma vila maravilhosa à beira-mar, perto de Ialta.

Passaram-se três anos desde os últimos acontecimentos descritos, que deixaram marcas em Ksenia. Seus cabelos ficaram brancos e, como uma aura de prata, cercavam seu rosto ainda jovem e bonito, apesar de um ar de melancolia e resignação.

Leon e Lili estavam brincando nos degraus do terraço com Boris, que já tinha vinte anos e era o retrato vivo de Ivan Fiodorovitch, com exceção dos cabelos claros.

Os olhos de Ksenia Aleksandrovna descansavam com amor naquele grupo e em seus lábios aparecia um sorriso a cada vez que ela ouvia o riso das crianças. Porém, com maior frequência, seu olhar dirigia-se ao fundo do terraço, onde num banco de pedra perto do balaústre encontrava-se Olga. Pensativa e triste ela olhava para o caminho que se estendia pela orla marítima, indo para a cidade. Perto dela estava Richard, olhando também para o caminho, usando binóculos.

A moça tinha mudado bastante. Ela cresceu, mas o suave corado de suas faces cedeu a uma palidez doentia. Sua mão, deitada sobre o vestido branco, era tão fina e diáfana que parecia completamente transparente.

Olga estava recuperada de sua grave doença e encontrou sossego no ambiente de amor e ternura que a cercava. Ela adorava a mãe e Richard Fiodorovitch, a quem chamava de pai. Leon e Lili eram sua alegria. Quando brincava com eles, a antiga jovialidade e o riso voltavam. Boris se tornou seu fiel companheiro. No entanto, essa saúde física e moral da jovem era apenas aparente. Um ano depois verificou-se que, no fundo de sua alma, continuava vivo o verme que a corroía. Nem a vida na Criméia, nem os dois invernos na Itália conseguiram parar a lenta e constante extinção do jovem organismo, cuja fonte vital parecia estar se esgotando.

Invariavelmente Olga respondia às tímidas perguntas da mãe que nada lhe doía e que se sentia bem. Os médicos também não conseguiam determinar nenhum tipo de doença. No entanto, ela se tornava cada vez mais magra e pálida. Seus olhos aumentaram de uma maneira esquisita e adquiriram um brilho febril e sinistro. Estava claro que, se não acontecesse alguma reação, a extinção das forças vitais seria fatal.

Além dos familiares, Olga não queria ver ninguém. Nenhum argumento a convencia a ir ao teatro ou a qualquer outro lugar público. Havia abandonado o canto e nem se aproximava do piano. Em compensação, começou a se dedicar à pintura a óleo sob a orientação de Richard, que sabia desenhar muito bem.

Tanto Ksenia quanto Richard evitavam mencionar o nome de Ivan Fiodorovitch na presença de Olga, mas os dois seguiam atentamente a estranha reviravolta que acontecia com ele. Ao voltar de Nápoles, souberam que Ivan Fiodorovitch pretendia se retirar para o Monte de Atos e a notícia deixou-os estarrecidos. Richard Fiodorovitch viajara para ver o irmão e tentara dissuadi-lo dessa solução, que considerava precipitada e muito penosa para ele, mas Ivan mantinha-se firme e, depois de dois anos no Mosteiro como noviço, fez os votos.

Quando seu amigo, o padre Aleksei, foi chamado para o Monte de Atos, Ivan Fiodorovitch resolveu seguir o exemplo do padre Irineu e viajar com ele, mas expressou o desejo de passar por Ialta para se despedir dos familiares antes de tomar o navio em Odessa.

Eram esses os dois viajantes por quem estavam esperando no terraço, com emoção bastante compreensível.

— Empreste-me o binóculo por um instante, papai — disse Olga de repente.

— Por favor, minha filha, não se vê nada ainda.

A jovem pegou o binóculo, apoiou-se no balaústre e, em alguns instantes, abaixou a mão. Seu rosto mudou de cor e, finalmente, com voz hesitante disse:

— Estão chegando. Em cinco minutos o landó[1] estará aqui. Mamãe, permita-me ir para o quarto, pois não tenho forças para controlar meus nervos.

Sem dizer uma palavra, Ksenia levantou-se, pegou a filha pelo braço, e levou-a até o quarto.

— Reze, minha querida, que Deus lhe dará paz! Mas se ele desejar vê-la e se despedir de você, será que vai lhe recusar isso?

— Não, é claro! Vou me despedir dele. Pode me chamar.

---

1 Landó - Carruagem de quatro rodas, com dupla capota que se levanta e abaixa.

Quando Ksenia voltou, os dois monges, acompanhados por Richard, já subiam os degraus do terraço. Com um refinamento que nem a batina podia esconder, Ivan Fiodorovitch aproximou-se de Ksenia e apertou-lhe fortemente a mão. Depois, beijou Boris e as crianças. Por um instante, seus olhos vagaram pelo terraço como se estivessem procurando por alguém, mas não fez nenhuma pergunta e, silencioso, sentou-se à mesa. Apenas Richard e o padre Aleksei entabularam uma conversa. Ivan estava pensativo e concentrado. Ksenia olhava para ele com curiosidade, examinando a profunda mudança que sofrera. Por insistência do irmão, Ivan tomou um copo de chá com mel, comeu algumas uvas, mas recusou todos os outros pratos. Ao terminar a refeição, dirigiu-se a Ksenia e perguntou com voz baixa:

— Onde está Olga? Gostaria de me despedir dela.

— Venha! Vou levá-lo até seu quarto. Hoje ela estava muito nervosa. Em geral, sua saúde me preocupa muito — respondeu Ksenia com um suspiro.

Ivan Fiodorovitch baixou a cabeça e a seguiu.

Ao convite silencioso de Ksenia, entrou no quarto, onde Olga estava rezando em frente à imagem da Virgem Maria.

Quando ouviu o barulho da porta, ela se virou e ficou tensa, sem se mexer.

Desde a fatal revelação, pai e filha estavam se vendo pela primeira vez.

Os dois confiaram demais em suas forças.

Com verdadeiro pavor, o monge olhava para o rosto magro e pálido de Olga e para toda a sua figura esquálida e trêmula.

Olga permaneceu imóvel, sem desviar o olhar dele; mas, ouvindo sua pesada e entrecortada respiração, vendo sua mão trêmula que passava pela testa, a jovem atirou-se para ele e, caindo de joelhos, apertou o rosto contra sua batina.

Ivan Fiodorovitch levantou a mão, querendo colocá-la na cabeça da moça, mas em seguida tirou-a. Não ousou tocar a criança a quem seduzira na noite de orgia e tempestade, sem ter ouvido a voz severa do Senhor nem de seu instinto paterno.

— Perdoe-me! — exclamou ele com voz fraca.

Olga pegou na sua mão e apertou-a contra seus lábios.

— Já lhe perdoei há tempo e oro com fervor para que Deus dê paz à sua alma, dê forças para que se redima e passe com dignidade por essa provação penosa que impôs a si mesmo.

Emocionado, tremendo inteiro, Ivan Fiodorovitch abraçou a filha e beijou-a na testa.

— Seja abençoada, minha pobre criança! Pense em mim sem raiva. Hoje me despeço de você para sempre.

Olga desatou em prantos convulsivos.

Mal podendo se controlar, Ivan Fiodorovitch disse:

— Não chore, minha querida! Não faça este momento ainda mais penoso para mim. Se meu último pedido tem algum valor para você, tente viver e ser feliz para que minha consciência não tenha o peso terrível de ter arruinado sua vida completamente.

— Não se torture com esses pensamentos! Vou viver e serei feliz — disse Olga com súbito entusiasmo.

Sentindo-se perturbado e grato, mais uma vez abraçou a jovem, apertando-a contra o peito. Depois, afastou-a rapidamente e saiu do quarto.

A despedida dos outros familiares foi breve. Ivan Fiodorovitch, nervoso e sem dizer nada, abraçou o irmão, beijou Boris e as crianças. Só quando apertava a mão de Ksenia balbuciou:

— Perdoe-me por todos os dissabores e infortúnios com os quais envenenei sua vida!

Ksenia lhe respondeu apenas com um olhar de bondade e calor porque em seguida ele se virou e foi descendo a escada. O padre Aleksei, também emocionado e entristecido com o estado de seu amigo, o seguiu.

Muito preocupada com as consequências que aquele encontro podia trazer para a filha, Ksenia Aleksandrovna apressou-se para ir ao quarto dela.

Olga estava na sacada com as mãos no peito, sem tirar os olhos do caminho pelo qual se afastava o carro levando os dois viajantes.

Pela última vez apareceram os ***klobúques***[2] e o carro sumiu na curva.

Banhada em lágrimas, Olga atirou-se nos braços da mãe. Quando esta tentou acalmá-la, Olga sacudiu a cabeça.

— Deixe-me chorar, mamãe! As lágrimas me aliviam. Sinto que o aro de ferro que apertava meu coração está se afrouxando. Eu vou ficar tranquila. Prometi a ele viver e ser feliz e quero cumprir essa promessa, para que ele não se torture com remorsos. Vou viver com você, querida mãe, mas quando Lili crescer, me permitirá, é claro, ir para o convento. Não há lugar melhor para orar. Lá vou pedir a Deus que dê felicidade a todos vocês. Como ele, também vou redimir minha culpa e ser feliz.

Ksenia Aleksandrovna apertou a filha fortemente.

— Em qualquer caminho que escolher para achar a calma e a felicidade, lhe darei minha bênção. Mas por enquanto, minha querida, vamos viver juntas.

FIM

2 ***Klobúque*** - Cobertura de cabeça com véu dos monges ortodoxos.

KSENIA
foi confeccionado em impressão digital, em junho de 2011.
Conhecimento Editorial Ltda
(19) 3451-5440 — conhecimento@edconhecimento.com.br
Impresso em Super Snowbright 70g. - Hellefoss AG